Tércio Rocha

Vida *na* Veia!

Regenere-se já!

O único patrimônio que temos é o tempo de viver e desfrutar da vida ao máximo. Regenerar-se com células-tronco é a melhor escolha para esse caminho.

Literare Books
INTERNATIONAL
BRASIL · EUROPA · USA · JAPÃO

Presidente do conselho:
Maurício Sita

Presidente:
Alessandra Ksenhuck

Vice-presidentes:
Cláudia Pires e Julyana Rosa

Diretora de projetos:
Gleide Santos

Coordenadora editorial:
Amanda Moura

Assistentes editoriais:
Júlia Almeida e Lui Navarro

Capa, projeto gráfico e diagramação:
Candido Ferreira Jr.

Revisão:
Deirdree Rodrigues e Letícia Pataquine

Consultora de projetos:
Daiane Almeida

Impressão:
Printi

Dados Internacionais de Catalogação na Publicação (CIP)
(Câmara Brasileira do Livro, SP, Brasil)

Rocha, Tércio
Vida na veia! : regenere-se já! / Tércio Rocha, Martha Rocha. -- São Paulo : Literare Books International, 2024.

ISBN 978-65-5922-936-9

1. Células-tronco 2. Medicina e saúde 3. Medicina regenerativa I. Rocha, Martha. II. Título.

24-223180 CDD-571.889

Índices para catálogo sistemático:

1. Medicina regenerativa 571.889

Eliane de Freitas Leite - Bibliotecária - CRB 8/8415

Literare Books International.
Alameda dos Guatás, 102 – Saúde– São Paulo, SP.
CEP 04053-040
Fone: +55 (0**11) 2659-0968
site: www.literarebooks.com.br
e-mail: literare@literarebooks.com.br

FSC www.fsc.org
MISTO
Papel | Apoiando o manejo florestal responsável
FSC® C196274

Agradecimentos

Agradeço a Deus todos os dias pelo prazer de saborear a vida ao máximo.

Minha Mãe de Luz, Nossa Senhora das Graças, que é Luz de Deus Pai.

Agradeço a todos os meus pacientes pela oportunidade que eles me dão de ser-lhes útil e efetivo na regeneração de seus corpos e esperanças com as Partículas Divinas.

Agradeço ao amor puro e intenso que recebo de Martha Lybia abundantemente.

Prefácio

Regenera pelos meus olhos!

Eu não poderia dizer o que significa o Regenera para mim, sem deixar de fazer a retrospectiva de toda a minha vida.

"Está tudo interligado!"

Uma das frases que mais ouvi, quando criança, foi:

— Essa menina vai ser médica!

Isso porque eu venho de uma família de muitos educadores, tanto de professores quanto de diretores, e eu imaginava que, quando adulta, me tornaria médica ou professora.

Eu gostava de cuidar das pessoas, especialmente da minha mãe, que sempre teve uma saúde frágil. E na minha percepção de menina, era eu quem cuidava dela:

— Mãe, já tomou seus remédios?

— Não, filha.

— Espera aí que eu vou buscar.

Eu dava os remédios em sua mão, bem como um copo d´água, mas não parava por aí.

— Quer uma massagem, mãe?

— Quero, filha. Obrigada.

Automaticamente eu podia ouvir a voz do meu pai:

— Essa menina vai ser médica, só pode.

Só que, com o passar dos anos e com o entendimento da vida, eu passei a achar que medicina era um sonho muito distante para mim, eu não tinha poder aquisitivo para percorrer este trajeto. Porém, um tempo depois, soube que poderia, sim. E, com a aceitação da minha mãe em me deixar ir sozinha para outro lugar, este sonho virou uma realidade.

Por anos, eu acreditei que iria trabalhar com ortopedia e traumatologia, mas já formada, com a pandemia e a fragilidade da minha mãe, tudo mudou.

"Tudo mudou mesmo! Graças a Ela!"

Se eu já me sentia uma pessoa amada por Deus, pelos pais que tenho, por seu amor e por ter realizado o sonho de ser médica, no momento em que todos temiam a morte, inclusive eu, algo surpreendente aconteceu!

Eu estava desesperada com a possibilidade da minha mãe ser infectada pela covid-19, considerando seu histórico de saúde. Meu desespero me levou ao, então médico pioneiro no Brasil de células-tronco, doutor Tércio Rocha. Naquela época, conversamos por telefone, quando ele acalmou o meu choro e medo por inúmeras vezes, até ele ver em mim a mulher de sua vida.

— Quer namorar comigo, Martha?

"Oi? Como assim?"

Nós nem havíamos nos encontrado pessoalmente e tínhamos nos conhecido há apenas quinze dias. O então médico, Dr. Tércio Rocha, viu em meu pescoço a imagem de Nossa Senhora das Graças, numa medalha emprestada por minha mãe.

— Foi Ela quem nos uniu, Martha!

Devoto desde menino da Santa e com relação estreita com Ela, não teve dúvidas do que eu significava para ele. Mas essa é uma história muito bem contada no livro "*Partículas Divi-*

nas", que também será lançado neste evento. Tornamo-nos namorados, e depois marido e mulher, muito rapidamente.

A minha felicidade parecia completa: pais maravilhosos, a formação dos sonhos realizada e a chegada do amor da minha vida. Mas minha benção não parou por aí. Eu conheci o Tércio após ele passar vinte e um anos em luta contra o câncer. Ele era outra pessoa, bem diferente do que ele é hoje. Eu sou a maior testemunha de sua completa regeneração, a partir das células-tronco e dos protocolos criados por ele.

Ele deixou de ser um homem de sua idade, cansado, sem humor, abatido, prejudicado fisicamente, para ser um homem que aparenta ser bem mais jovem do que ele é e muito mais feliz, saudável, disposto, cheio de vida, energia, é algo quase inacreditável.

Quem o conhece sabe de sua energia sem fim e absurdamente contagiante.

"O Tércio simplesmente brilha!"

Tenho acompanhado a regeneração de inúmeros pacientes desde então. São anos vendo corações sendo regenerados, dispensando cirurgias marcadas, Alzheimer sendo regredidos, rins sendo curados, mulheres rejuvenescendo, musculaturas ganhando força, órgãos sendo restaurados, pessoas ganhando vida.

"Vidas sendo transformadas!"

Dia após dia, minha rotina se tornou ver pessoas voltando à vida. É isso que meu marido faz. É isso que hoje eu faço. E é isso o que o Congresso Regenera representa: VIDA!

As células-tronco, as Partículas Divinas, são as partículas que transformam as pessoas em seres plenos, felizes outra vez e com vontade de viver.

Este Congresso é o primeiro de muitos. Pioneiro, assim como o Tércio é.

Eu espero trabalhar muito com a medicina regenerativa e ser testemunha do que as Partículas Divinas irão trazer para o mundo: uma disrupção na forma como compreendemos a medicina e a maneira como cuidamos de nossa saúde.

O Congresso Regenera é um Congresso que irá marcar a história das células-tronco no Brasil e de todos os que estão nessa jornada conosco.

Existirá um antes & depois deste grande evento! Todos são bem-vindos a esta nova era da medicina: a regenerativa!

Meu coração não cabe em mim neste momento de tanta alegria, gratidão e amor!

Obrigada ao Dr. Tércio Rocha, que mudou a minha vida com o maior amor que poderia sentir e por me mostrar o que há de melhor na carreira, que desde menina sonhei trilhar.

Muito obrigada, meu amor!

Muito obrigada a todos os médicos que estão conosco nesta disrupção!

Muito obrigada a todos os que estão participando deste momento de alguma forma.

E muito obrigada a todos que irão chegar através deste evento!

Obrigada!

Martha Rocha

Médica Especialista em Medicina Regenerativa e Médica Assistente do Doutor Tércio Rocha.

Casada há quatro anos com o Tércio, desfrutam do prazer inigualável de trabalharem juntos.

Para o Tércio, Martha é mais do que vida na veia!

Ela é amor no cérebro e no coração, a paz e vida que o complementam todos os dias.

Segundo ele, sua vida é como estar sentado num Lounge, curtindo o trabalho, a Medicina e testemunhando as curas proporcionadas pelas células-tronco. E quando olha para o lado e sente a presença dela, vê o maior presente que lhe foi dado por Nossa Senhora das Graças: Martha Rocha!

Tércio Rocha

Dr. Tércio é médico há mais de trinta anos, com rica e extensa carreira como endocrinologista, especialista em emagrecimento, envelhecimento saudável e uso de células-tronco.

Criador dos Protocolos Biológicos com células-tronco, trouxe sua história e depoimentos relatados no livro *"Partículas Divinas"* e agora mais relatos e depoimentos aqui, no *"Vida na Veia - Regenere-se já!"*.

Médico reconhecido no Brasil, na França e nos Estados Unidos, atua em diversas frentes e lugares no mundo, transformando a vida de inúmeras pessoas.

Sua história revela detalhes emocionantes e inesquecíveis de uma trajetória que vai além da medicina, mas do amor de quem vive por ela.

Filho devoto e agradecido de Nossa Senhora das Graças!

Índice

Introdução

Como se faz um Congresso de Medicina Regenerativa?

A organização de qualquer Congresso envolve tempo, energia, muito trabalho e várias pessoas e profissionais, uma vez que se trata de um grande evento.

Porém, se tratando de Dr. Tércio Rocha e Dra. Martha Rocha, podemos dizer que o *I Congresso Internacional de Medicina Regenerativa, o REGENERA BRASIL,* começou com uma novena.

É isso mesmo, senhoras e senhores!

Se vivemos uma época em que palavras como "consciência", "espiritualidade" e "evolução" entraram na moda, na vida desse casal de médicos a fé não vem a ser uma novidade, mas aquilo que vem movendo suas vidas desde sempre e que, por fim, refletiu do início ao fim durante este Congresso muito bem realizado e de sucesso absoluto.

Pela vontade de se ter um evento à altura de seu propósito de vida, ou seja, de criar uma disrupção na sociedade, na forma como ela vem compreendendo e trabalhando a medicina e através do uso das células-tronco, o Congresso idealizado e produzido por eles começou com a seguinte novena:

"Salve, rainha
Mãe de misericórdia
Vida, doçura
Esperança nossa, salve

A Vós, bradamos
Os desagregados filhos de Eva
A Vós, suspiramos
Gemendo e chorando

Neste vale de lágrimas
Eia pois, advogada nossa

Esses vossos olhos misericordiosos
A nós volvei
E depois deste desterro
Mostrai-nos Jesus

Bendito fruto do vosso ventre
Ó clemente, ó piedosa
Ó doce sempre Virgem Maria

Ave Maria
Santa Maria
Rogai por nós, Santa Mãe de Deus
Para que sejamos dignos
Das promessas do teu filho Jesus Cristo
Amém"

O Congresso recebeu médicos de renome de toda a América Latina, como o próprio Dr. Tércio Rocha, presidente do Congresso, Dr. Jorge Berendsen, Dr. Leopoldo Parada e Dr. Raúl Rios, do Chile, Dr. Luis Martínez, de Porto Rico, Dr. Carlos Chiriboga, do Equador, Dr. Damián Siano e Dr. Alejandro Mazzarini, da Argentina, Dr. Pablo Sibaja e Dr. Ronald Bonilla, da Costa Rica, Dr. Carlos Henrique Bittencourt, do Rio de Janeiro, Dra. Marilei Bertaco, Dra. Dayana Garcia, Dr. Alexandre Duarte, Dra. Nise Yamagushi, Dr. Edson Peracchi, Dr. João Ricardo Yamashita e Dr. Franciso Costa Barros, de São Paulo.

Os temas foram de riquíssimo conteúdo: envelhecimento celular; ortopedia regenerativa; intervenção regenerativa; doenças neurodegenerativas e histórias de sucesso; células-tronco na geriatria; células-tronco na cirurgia plástica; homeostase hormonal; células-tronco tumorais; implantes hormonais e terapia intravenosa; o estado da arte em células-tronco mesenquimais; *full face*; rejuvenescimento íntimo com células-tronco; retonificação peniana; a revolução na medicina a partir das células-tronco; interdisciplinaridade no atendimento integral ao paciente; consultas sobre protocolos biológicos; a prática da medicina com células-tronco comentada por especialistas; e ainda uma palestra relevante ao patrimônio dos médicos sobre como proteger seus ativos contra riscos empresariais.

Os nove dias em oração e fé do Dr. Tércio e da Dra. Martha atraíram, para este Congresso, médicos e palestrantes à altura, que não apenas deram um show de conhecimento em suas apresentações, mas também chegaram a demonstrar o mesmo importante posicionamento perante a vida e a medicina: a espiritualidade.

Em praticamente todas as palestras, falou-se de cura como algo inerente à espiritualidade e à energia de cada um: a então epigenética levada muito a sério e à risca pela medicina regenerativa.

A epigenética é o campo de pesquisa que investiga como os estímulos ambientais, emoções, pensamentos e ações podem ativar determinados genes e silenciar outros. Ela permite entender como a experiência individual do ser humano é capaz de operar transformações profundas no seu organismo, através da forma como ele pensa e mantém a vibração de seus pensamentos.

Estamos falando não apenas de um Congresso muito bem organizado e com demonstração do mais alto e inovador conhecimento da medicina regenerativa, mas de uma evolução dos médicos e da própria medicina no modo de pensar e para onde esse novo posicionamento está nos levando: a disrupção da medicina em todo o planeta.

Estamos sendo todos convidados a um novo modo de pensar. E, como tanta informação de qualidade e profundidade não pode ser absorvida de uma só vez, o Dr. Tércio nos presenteou com o lançamento do seu primeiro livro *"Partículas Divinas, uma trajetória médica e de vida entrelaçada às células-tronco"*, com o qual pudemos aprender mais sobre os tratamentos com células-tronco, além de conhecer sua história riquíssima na área e conhecer sua história pessoal, descobrindo como ele mesmo sobreviveu a uma jornada de vinte e um anos contra o câncer e, mediante esta dor, criou seus protocolos com células-tronco.

Além do livro, a Revista Formeds foi lançada para trazer os temas mais atuais sobre a medicina regenerativa no Brasil, através de entrevistas com médicos renomados, que atuam juntos nessa disrupção.

Para os médicos já especialistas, Tércio estreou o curso de protocolos biológicos *"Hands On"*, em que ele compartilha seu conhecimento pioneiro, ensinando a outros médicos como aplicar as células-tronco na prática.

Não há como não adquirir conhecimento com tanta informação de qualidade e compartilhada de diferentes formas, para o mais profissional até o mais leigo. As células-tronco chegaram para mudar o mundo, a forma como tratamos nossa saúde e iremos compreender a medicina daqui para frente.

O que vem a partir de agora? O sucesso continua!

Que a fé e o tempo dedicados à novena de Dr. Tércio e Dra. Martha contribuíram para o sucesso do Congresso, não há dúvidas, mas algo ainda mais surpreendente aconteceu.

Havia um participante oculto no evento que ninguém sabia, mas que estava lá, observando todo o potencial do Congresso: o que esses médicos fazem? Quem são eles? São genuínos? Podem ajudar em nossa causa?

Senhoras e senhores!

Se a epigenética nos protege de nós mesmos e de nossos genes mais vulneráveis, a novena de Nossa Senhora opera a atração do que os melhores médicos buscam em sua jornada na medicina: a oportunidade de multiplicar o conhecimento, a cura e a saúde onde mais se precisa!

Um médico, vice-presidente de uma Organização Internacional, Doutor e Professor, esteve entre nós. Um profissional do mais alto nível, médico e PHD em várias ciências, que se surpreendeu com a qualidade das informações e com o posicionamento dos palestrantes em relação à medicina regenerativa, às células-tronco e a forma como eles vêm atuando na saúde.

A sua Organização tem a finalidade de elevar o índice de desenvolvimento humano no mundo. Um de seus pilares mais importantes é a saúde, e atua no desenvolvimento para tratamentos humanitários em todo o planeta e, nesse momento, está envolvida na erradicação da malária na África Continental, num investimento que soma cem milhões de dólares, abrangendo uma população de duzentos milhões de pessoas. Além de vários outros estudos e projetos em função da cura.

O nosso Congresso foi de caráter informativo e cumprimos muito bem o nosso papel. Agora, abrimos a oportunidade e o convite a todos os palestrantes para algo muito maior.

A convite do Professor e sua Ong, todos os médicos que expuseram o seu conhecimento e se especializarem no curso *"Hands On"* estarão convidados a fazer parte de um novo projeto que envolverá a Medicina Regenerativa e tratamentos com células-tronco. Ele tem a intenção de iniciar um projeto de um instituto de ciências e biotecnologia com investimentos provenientes de fundos internacionais.

São palavras do professor:

"Embora a capacidade do Dr. Tércio Rocha já fosse de meu conhecimento, me surpreendeu muito a sua profissionalidade em organizar um evento brilhante como o Regenera Brasil. Por isso, resolvi convidá-lo para a coordenação do Departamento Internacional de Pesquisas em células-tronco do nosso Instituto de Ciências e Biotecnologia, cuja sede será no Brasil".

Este projeto será de um estudo multicêntrico em toda a América Latina. Estudos multicêntricos são aqueles que ocorrem de forma simultânea por meio de um mesmo protocolo em diversos locais. São estudos de grande relevância, pois levantam dados de populações distintas, de diferentes regiões geográficas e até mesmo diferentes nacionalidades, podendo ser interpretados e validados para a população em geral.

A intenção é desenvolver protocolos para tratamentos de doenças, como a microcefalia, autismo, Alzheimer, mal de Parkinson, Esclerose Lateral Amiotrófica (ELA), e todas as doenças degenerativas, como paralisia cerebral, doenças musculoesqueléticas, doenças cardíacas, doenças pulmonares, doenças renais, e com o intuito de complementar o curso da indústria farmacêutica. Ou seja, serão estudos de protocolos biológicos aplicados com células-tronco.

Todos os médicos que pertencem ao Regenera e estiverem capacitados pelo *"Hands On"* estão convidados a fazer parte deste projeto Internacional, que contará com o apoio da ONU, da Associação Internacional de Medicina e do Ministério da Saúde. Será um projeto com apoio financeiro de grande porte com o intuito de levar saúde e qualidade de vida à toda população que sofre de doenças neurodegenerativas e muitas outras.

Fica aqui o registro do nosso sucesso no *I Congresso Internacional de Medicina Regenerativa*, o *REGENERA BRASIL,* e a certeza de que esta realização é apenas o começo da disrupção que iremos causar na forma como se trabalha e se compreende a medicina em todo o planeta.

Venha fazer parte desta continuidade e evolução!

ocorram de grande importância [illegible] mesmo [illegible]

[illegible] especial.

[illegible] condições para tratamentos [illegible]

[illegible]

II Congresso Internacional de Medicina Regenerativa, Regenera Brasil

Quando o Tércio começou a escrever esta obra, "*Vida na Veia – Regenere-se já!*", tínhamos acabado de finalizar o *I Congresso Internacional de Medicina Regenerativa*, o *REGENERA BRASIL*, com louvor!

A ideia era registrar em seu novo livro os tantos casos que atendemos e testemunhamos: de cura, regeneração, rejuvenescimento e de pessoas voltando à vida, como nos tantos casos de pacientes com Alzheimer ou Autismo, que já não interagiam mais com seus entes queridos.

Qual é o preço de ver um pai ou uma mãe reconhecendo seus filhos outra vez? Ou de testemunhar uma criança, que nunca conseguiu se comunicar com seus pais, fazendo isso pela primeira vez?

Não tem preço!

Tem valor sem igual!

É privilégio e benção de Deus!

A alegria e gratidão por Nossa Senhora das Graças, que nos acompanhou e acompanha o tempo todo para essas grandes realizações é imensurável.

Um ano se passou e a grande verdade é que nosso trabalho não parou de lá para cá, apenas se intensificou: são mais médicos envolvidos com as células-tronco e a Medicina Regenerativa, mais pacientes sendo curados e mais doenças e sintomas sendo eliminados de forma definitiva. Mais regeneração, rejuvenescimento, alegria e satisfação de viver.

Não tenho palavras para expressar o orgulho deste trabalho e do médico e especialista em Medicina Regenerativa, Doutor Tércio Rocha, também meu marido e companheiro profissional, de todos os dias. Tenho o privilégio de ser sua parceira de todas as horas.

Se no *I Congresso Internacional de Medicina Regenerativa*, fomos capazes de reunir dezenas de médicos de vários países, que já estavam atuando com as células-tronco, e fizemos o lançamento do livro "Partículas Divinas", no II Congresso celebramos o lançamento do *"Vida na Veia – Regenere-se já!"* e o lançamento da maior Clínica de Medicina Regenerativa da América do Sul.

A Clínica LONGEVITÈ, Longevidade, Vitalidade e Qualidade de Vida, situada na cidade de São Paulo, com quatorze especialidades e capitaneada pelo Tércio, vem para oferecer protocolos de tratamentos com células-tronco para um maior número de pessoas, tornando o acesso a esse caminho, uma escolha possível.

A LONGEVITÈ nasce para uma longevidade de vida ativa, participativa e inclusiva, quando os pacientes atingem o auge de sua juventude outra vez em suas veias, nos seus batimentos cardíacos, ao despertar, ao se deitar, no ato de amar e quando interagem com tudo e com todos em suas vidas.

Nossos pacientes renascem!

"Vida na Veia – Regenere-se já!" é um livro que vem coroar o II Congresso Internacional, o Regenera Brasil e que também abrilhanta nossos médicos parceiros e pacientes que nos permitem ver a vida nascendo neles mesmos outra vez!

Não há maior satisfação para um médico do que curar seu paciente! E com as células-tronco não assistimos apenas a cura do corpo, mas da mente, do espírito e da alma de tantos que haviam perdido a esperança e agora se sentem vivos outra vez.

Muitos que chegam até nós, veem as células-tronco como uma última cartada, uma luz no fim do túnel e, logo no início do tratamento, percebem que essa luz não está no fim, mas num recomeço, que ilumina um novo caminho, com uma nova juventude e vontade de viver!

Nosso trabalho juntos e parceria como casal data de quatro anos, mas o trabalho do Tércio com as células-tronco já soma mais de trinta anos de experiência e conhecimento.

São inúmeras parcerias no mundo todo, com Médicos, Clínicas, Universidades, Institutos e tudo o que nos leva a um caminho de expansão: de conhecimento, de pessoas, de cura e de vida!

Não vamos parar por aí!

Seja bem-vindo e seja bem-vinda à realização do II Congresso Internacional de Medicina Regenerativa e ao *"Vida na Veia – Regenere-se já!"*.

Somos muitos e todos representando as Partículas Divinas, as células-tronco!

Os depoimentos e relatos a seguir são de nossos pacientes que escolheram se regenerar a partir dos nossos protocolos de células-tronco e tiveram suas vidas transformadas desde então!

Temos certeza de que novos Congressos virão, assim como muitos livros, pacientes, depoimentos, relatos e cura!

Vida para todos que chegam!

Vida para todos nós!

Vida na veia é um verbo, que veio para ficar e transformar vidas!

Vida na Veia – Regenere-se já!

“Deve-se temer
a velhice, porque
ela nunca vem
só. Bengalas
são provas de
idade e não de
prudência.”

Platão

Da coragem de minha mãe às células-tronco!

Eu tinha dezessete anos, quando a coragem de minha mãe mudou completamente o rumo da minha vida:

— Você tem coragem de ir estudar tão longe de casa, filha?

No auge de minha inocência, respondo como se fosse a coisa mais fácil do mundo:

— Tenho...

Mal sabia eu.

Vinda de família com pais extremamente amáveis, eu não tinha ideia do que era o mundo lá fora, habituada a todo amor que recebia dentro de casa.

Se de um lado eu era cercada por pessoas da família que trabalhavam com a educação, como o meu próprio pai, o Professor Piauilino, eu também tinha alguns parentes médicos, que me permitiam sonhar com a profissão.

Fui uma menina feliz, considerada o carrapatinho do meu pai, já que sempre ia com ele à escola acompanhar o seu trabalho. Eu escrevia na lousa e falava sozinha por horas a fio, como se estivesse dando aulas. E me sentia realizada.

Filha única mulher e com dois irmãos mais velhos, eu nunca tive qualquer ponto negativo sobre a vida junto da minha família, pelo contrário. Quanto mais eu vivi, mais compreendi e tive a certeza daquilo que mais importa na vida: o amor.

"Amor nunca faltou!"

Dizem que, na vida, se ganha de um lado e se perde do outro, gerando sempre uma compensação. Se numa fase não estamos bem no trabalho, pode ser que o amor compense. Se o dinheiro estiver faltando, talvez o conhecimento ajude ou um bom círculo de amizades. Se faltar saúde, talvez o amor chegue. E assim por diante.

Uns acreditam: azar no jogo, sorte no amor. Como eu nunca joguei nada, talvez seja por isso que eu tenha tanta sorte. E que, por fim, hoje reverbera em praticamente todas as áreas da minha vida.

Eu sempre acreditei que Deus me ama, isso porque o amor que recebi dos meus pais sempre foi o meu maior combustível. Nada teve mais importância do que isso em toda a minha trajetória.

Bem mais tarde, Deus me mostrou que me ama ainda mais, quando me mandou o meu marido, o Dr. Tércio Rocha. E não foi por acaso, já que fomos unidos por uma medalhinha que eu tinha no pescoço, numa foto no WhatsApp com Ela, Minha Nossa Senhora das Graças.

Histórias de fé não me faltam, mas, para falar de coragem, eu volto para a minha mãe, dona Almerina.

No auge de sua superproteção e amor, ela me ouviu falar de um colega que pretendia ir para bem longe de onde morávamos, para fazer medicina quando terminasse o terceiro ano do ensino médio. Eu nem pensei no assunto naquele momento, mas ela sabia do meu sonho. E me perguntou:

— Então, Martha, você quer ir?

— Quero!

Na época, como toda adolescente, não pensava muito, não conhecia o mundo e suas peculiaridades. Então, minha mãe começou a se abrir sobre o que eu precisaria para estudar longe de casa. Entrei em contato com quem precisava e fui criando um novo mundo para mim, a partir dali.

No dia de viajar, minha mãe se mostrou arrependida.

Já no aeroporto, ela pega no meu braço e o sacode:

— Minha filha, se você quiser, pode desistir agora, não tem problema.

Lá dou eu de ombros outra vez:

— Mãe, já estou indo, não tem a possibilidade de eu voltar atrás.

Não sei de onde eu tirei tanta coragem.

"Mentira. Sei sim: dela!"

Minha mãe chorou.

E eu fui. Simplesmente segui em frente, para um novo mundo, uma nova vida, um novo futuro.

Eu passei cinco anos longe de casa. Não foi fácil: era praticamente como se fosse outra cultura, a solidão, a falta dos meus pais e a ruptura da minha inocência, que foi se transformando em maturidade, dia após dia.

Diariamente, eu falava com a minha mãe por telefone, por cerca de duas horas, até o aplicativo *WhatsApp* ser lançado. Mas não eram simples ligações, minha mãe era minha psicóloga, minha fonte de amor, força. Era minha médica, amiga, irmã, meu tudo.

"Bendito WhatsApp!"

Durante todo o tempo em que estudei medicina, sonhei atuar nas áreas de ortopedia e traumatologia. Gostava de outras áreas, mas essas me chamavam a atenção. Estava decidida!

"Vou usar o meu conhecimento para ajudar os pacientes que sofrem com lesões, contusões, fraturas ou qualquer problema nas articulações, ossos ou musculatura."

Era um sonho quase realizado!

Eu não tinha palavras para descrever a sensação de realização ao acompanhar pacientes que chegavam fraturados em estado grave e iam melhorando gradativamente, até se sentirem inteiros outra vez, como tantos esportistas e pessoas de todas as idades. Havia algo de especial neste processo, que me fazia desejar participar de tudo isso.

O tempo passou e a adaptação foi acontecendo aos poucos e às tantas matérias médicas, devo dizer que meu maior perrengue foi no último ano.

Eu sempre tive o hábito de comprar frutas frescas diariamente e, por isso, conhecia as pessoas de uma feira e os funcionários de um mercadinho, um do lado do outro.

Num sábado de manhã, passei pelo que acredito ter sido uma tentativa de sequestro, quando dois homens me seguiram durante a minha ida à feira e ao mercado, mas, com a ajuda dos conhecidos, que me viam ali quase todos os dias, tudo não passou de um susto.

"Os anjos que Deus coloca na nossa vida na hora certa!"

Só agradeci!

Durante pelo menos três dias, eu chorei e não conseguia chegar perto do trinco da porta, onde morava. Por mais que a situação pudesse ser insegura para meus pais, a minha mãe, mais uma vez, me fez ver as coisas por outro lado:

— Você não vai desistir, filha. Você teve coragem para chegar até aí, levanta a cabeça e segue!

Eu estava muda.

Então, minha mãe continuou:

— Se você desistir agora, nunca mais termina o curso, Martha.

Eu respirei fundo, de olhos fechados, sentindo suas palavras na alma.

Eu sabia que ela estava certa, porque eu estava passando por toda aquela solidão em nome do meu sonho de me tornar Médica.

Ela ainda falou, com amor:

— São provações que a gente passa na vida, faz parte.

Eu sabia que minha mãe tinha razão. Se eu fosse embora naquele momento, talvez não voltasse mais.

Suspirei e respondi:

— Tá bom, mãe, se você está me mandando continuar, então, eu vou continuar!

— Isso, filha!

Eu fiquei, mas tive que lidar com outras questões que passaram a me fazer companhia.

Comecei a ter dores no tórax, que dificultavam a minha respiração, tinha angústia, medo, e o diagnóstico foi de estresse pós-traumático.

Foi interessante me ver como paciente, com algo que sentia no peito que não vinha de fator ortopédico, mas emocional.

— Como eu vou tratar os pacientes que chegarem com dor, pensando que é algo ortopédico, mas é de fundo emocional? — perguntei para mim mesma.

Todas as situações que vivenciava me levavam a raciocinar como médica, pensando em como poderia atuar aliviando o quadro dos pacientes. E, naquele momento, a paciente era eu.

"Segue em frente, Martha!"

Sempre pensava nas palavras da minha mãe.

Faltava pouco tempo para o exame final, e estresse era a última coisa que eu precisava, mas aprendi a conviver com ele.

Como todo domingo eu frequentava a missa, pedi a Deus que me ajudasse a superar aquela fase e conseguisse ser aprovada no exame.

Eu fiquei de joelhos e pedi de todo o coração:

— Me abençoe, Senhor. Me permita ser motivo de orgulho para a minha família. Por favor.

Um dos maiores medos que carreguei foi o de decepcionar minha família de alguma forma. E estar estudando fora me fazia sentir a obrigação de passar no exame final, mesmo quando a minha mãe, com toda a sua amorosidade, dizia:

— Você não precisa ser aprovada, Martha, está tudo bem.

Só que, logo em seguida, mais uma história de fé se realizou em minha vida, quando, na manhã seguinte, eu ouvi uma voz no meu quarto que me dizia que o exame estava aprovado para mim!

Um dia depois, a minha mãe me disse que também ouviu, em oração, que o exame estava aprovado para mim. E assim foi!

Fui aprovada no exame final e vivi uma das maiores alegrias da minha história, quando soube que fui aprovada e contei para meu pai e minha mãe:

— Eu consegui!

Eu estava pronta para seguir na ortopedia e traumatologia. Me sentia forte, feliz e realizada. Ia voltar para casa e simplesmente continuar a realização da minha trajetória na medicina.

Mas a vida não acontece como a gente planeja.

Pouco tempo depois que retornei, veio a pandemia da covid-19, o que deixou todos aflitos. No meu caso, considerando o estado de saúde frágil da minha mãe, considerei verificar as possibilidades, caso ela fosse acometida pelo vírus. Foi assim que cheguei às células-tronco pela primeira vez.

A verdade é que, em meio a toda insegurança que vivenciei pela saúde da minha mãe, acabei encontrando o amor da minha vida, hoje, meu marido. Foi através dele que comecei a descobrir tanto o caminho das células-tronco nas áreas de ortopedia e traumatologia, como em todas as outras.

Eu me sentia constantemente surpresa, realizada e motivada a saber mais:

— Mas as células-tronco fazem tudo isso?

— Sim, Martha — ele confirmava com alegria contagiante.

Hoje, vivo a realização de me encontrar ainda mais na medicina, através da medicina regenerativa e das células-tronco, atuando não só nas áreas que sempre sonhei, mas em todas que se fazem necessárias no meu dia a dia.

Como médica e testemunha, dia após dia acompanho a disrupção que as células-tronco já estão causando no mundo: eliminando remédios, rejuvenescendo, restaurando órgãos desenganados, evitando cirurgias e salvando a vida de pacientes. Transformando pessoas.

É outra forma de atuar na ortopedia e traumatologia, ainda melhor do que havia conhecido e trabalhado por tanto tempo.

Este é o meu legado: perpetuar o melhor dos meus pais e o melhor que a medicina me deu, bem como o amor do meu marido.

Ser parte dessa disrupção é algo muito maior do que jamais sonhei. E, por isso mesmo, tomo a coragem de minha mãe para seguir em frente, todos os dias.

Aconteça o que acontecer!

“O que não provoca minha morte faz com que eu fique mais forte.”

Friedrich Nietzsche

Você entende o que são células-tronco?

Se você ainda não sabe o que são as células-tronco ou simplesmente não se lembra, imagine que o encontro de um único espermatozoide e um óvulo forma a primeira célula-tronco que vai dar vida a um indivíduo exatamente como você.

O poder das células-tronco é de se multiplicar exponencialmente, até que o ser humano esteja completo e carregado de bilhões de células-tronco para a regeneração diária de todos os seus órgãos, até o resto de sua vida.

As células-tronco são as únicas células que se adaptam e se transformam em qualquer outra célula necessária para a regeneração de diferentes partes do corpo. Isso quer dizer que elas têm o poder e a inteligência de se adequar a qualquer parte sua que esteja necessitada de cura ou regeneração.

Quando você se machuca e abre uma ferida na pele, você não se preocupa, porque sabe que, em poucos dias, aquela ferida irá pouco a pouco cicatrizar, formando uma casca, até sumir por completo. Este foi mais um trabalho bem-sucedido das células-tronco do seu corpo.

Quando você faz uma cirurgia e tem um ou mais órgãos da sua barriga cortados, são as células-tronco que vão entrar em ação para cicatrizar e regenerar tudo o que foi feito durante o procedimento para a restauração de um determinado órgão, como o estômago, o intestino, o fígado, a vesícula ou todos eles juntos, além da pele, terminações nervosas, etc.

Se as células-tronco do seu corpo têm a capacidade de regenerar qualquer parte de seu organismo, você consegue imaginar o que seria ter posse dessas células num pequeno frasco e aplicá-las em qualquer lugar que você considere necessário?

Imagine, por exemplo, se você pudesse pegar esse frasco e aplicar no seu couro cabeludo para que você volte a ter mais cabelo. Ou se você pudesse aplicar essas células tão inteligentes em todo o seu colo e rosto para regenerar e rejuvenescer toda a sua pele, voltando a ter uma aparência mais jovem. Ou, ainda, se você pudesse aplicar as células-tronco no seu órgão genital, para que você voltasse a ter a potência de um jovem adolescente.

Esse exercício de imaginação não é apenas um sonho, mas uma realidade que ainda é de poucos, de uma pequena elite, devido à falta de informação e democratização do uso das células-tronco em boa parte do planeta. Alguns países já possuem autorização e trabalham com as células-tronco de forma livre, oficial e regularizada, proporcionando aos seus cidadãos a melhor e mais atual medicina que existe, a que cura você a partir de material biológico, daquilo que provém do seu próprio corpo, sem quaisquer contraindicações ou efeitos colaterais, com resultados melhores e definitivos. No Brasil, isso ainda não acontece na proporção que gostaríamos, mas estamos caminhando para isso.

Você entende o que são células-tronco?

A falta de informação sobre células-tronco e a sua regularização no país faz com que esse tipo de tratamento seja apenas para uma fração mínima da sociedade, como quando, no auge da pandemia, pessoas famosas, importantes e de alto poder aquisitivo puderam tratar a covid-19 e, principalmente, as sequelas da pós-covid com células-tronco.

Enquanto milhares de pessoas perderam suas vidas com uma pandemia que amedrontou o mundo inteiro, apenas uma mínima porção de cidadãos doentes teve acesso à informação e ao tratamento e teve sua saúde regenerada a partir de um pequeno frasco com bilhões de células-tronco.

Atualmente, as células-tronco utilizadas para esses tratamentos, os chamados protocolos biológicos ou de células-tronco, criados por mim, vêm de cordões umbilicais que seriam descartados após o nascimento de toda e qualquer criança. Essas células são consideradas coringas, pois são as de maior potencial regenerativo e se adaptam a qualquer pessoa, absolutamente sem contraindicação.

Eis o conteúdo dos frascos do que eu chamo de "Partículas Divinas": as células-tronco! As partículas que irão causar a maior disrupção do conhecimento sobre a medicina nesse planeta. O pequeno frasco que irá substituir centenas ou milhares de cartelas de remédios que um indivíduo se vê obrigado a usar durante uma vida inteira, que, se regenerando a partir de células-tronco, provavelmente não precisará mais.

As células-tronco significam o tratamento do futuro para a maioria das doenças existentes, inclusive das que supostamente não possuem cura, como o mal de Alzheimer, ELA, autismo, doenças do coração, problemas ortopédicos de esportistas profissionais, doenças autoimunes e quase tudo o que você puder imaginar. O que, hoje, as células-tronco ainda não tratam será tratável no futuro, pois estamos no caminho desse conhecimento tão disruptivo, necessário e transformador para todo o mundo.

As células-tronco curam, regeneram, embelezam, rejuvenescem e trazem de volta, a toda pessoa que tem acesso ao seu tratamento, a melhoria do sono, da musculatura, do humor, do desempenho sexual, da aparência e tudo o que buscamos como melhoria de vida.

As Partículas Divinas, as células-tronco, existem e estão aí para mudar a forma como você se cuida, se trata e compreende a medicina.

"Às vezes ouço
passar o vento;
e só de ouvir
o vento passar,
vale a pena ter
nascido."

Fernando Pessoa

A Fernanda, as Partículas Divinas e Eu!

Você vai fazer um curso de vôlei, Tércio?

Termino de preencher o papel de inscrição na recepção e respondo:

— Vou!

Entrego o papel para o responsável:

— Obrigado, volto no fim de semana para treinar!

Minha esposa, Martha, e eu seguimos em direção à rua, do lado de fora do condomínio.

Ela não entende nada:

— Mas, amor, você é médico, viaja o tempo todo, não tem tempo para nada...

Tento explicar:

— Eu preciso treinar minha cortada.

Ela põe as mãos na cintura e fica boquiaberta, me olhando:

— Cortada? Mas o que é isso agora?

— Vou ganhar uma aposta!

Ela cai na gargalhada.

"Já me conhece".

Começamos nossa caminhada, no calçadão.

— O que foi que você apostou agora? Com quem? Por quê?

Dou uma piscadinha de lado para provocar ela:

— A Fernanda!

Ciumenta que só ela:

— Que Fernanda?

— A Fernanda Venturini.

Ela agora suspira, respirando fundo:

— Você apostou uma partida de vôlei com a Fernanda Venturini?

Rio:

— Apostei!

Olho para o céu, que está lindo!

"Deslumbrante, meu Deus! Obrigado por mais um dia!"

Olho para a Martha e penso.

"Ao lado do meu grande amor!"

Seguro sua mão e seguimos nossa caminhada.

Concluo:

— E vou ganhar!

A Martha não se conforma:

— Tércio, a Fernanda foi eleita pela FIVB, entre as quatro melhores jogadoras de vôlei do século XX.

Complemento:

— E não só isso, ela é recordista de 12 títulos nacionais, bicampeã mundial de clubes, em 91 e 94.

Pela Seleção Brasileira, foi medalhista olímpica de bronze em 1996, foi vice-campeã mundial em 1994, Tricampeã do Grand Prix em 1994, ano que, inclusive, foi eleita a melhor levantadora da competição e melhor jogadora, campeã sul-americana 91 e 95, vice-campeã da Copa do Mundo de 1995 e 2003, além de possuir 28 premiações individuais e vestir 352 vezes a camisa da Seleção Brasileira.

Ela para de andar, indignada:

— E você vai fazer um curso de vôlei de fim de semana, do condomínio, para jogar vôlei com ela?

— Claro que vou!

Ela ri.

Eu ponho as mãos no quadril e questiono:

— Só porque ela é a única brasileira entre as 4 maiores jogadoras do século XX, de acordo com a Federação Internacional de Vôlei e, desde 2022, integra o Hall da Fama da modalidade, que eu vou perder?

Minha esposa cai na risada, segurando a barriga:

— Mas é atrevido...

— Eu e as Partículas Divinas! "As células-tronco são mágicas!"

Voltamos a caminhar:

— O que as Partículas Divinas têm a ver com você ganhar um jogo de vôlei contra uma jogadora que é multi campeã?

— Tudo, meu amor. Tudo!

Ela balança o pescoço para os lados e seguimos no nosso movimento matinal.

“Obrigado, meu Deus! Esse é um dos melhores momentos do dia para mim!”

Como tudo começou

Essa história aconteceu poucos dias depois de eu conhecer a jogadora.

Eu sabia que se tratava de uma das melhores levantadoras do vôlei feminino brasileiro e do mundo, que estreou com apenas 17 anos de idade nos Jogos Olímpicos de Seul, em 1988.

Claro que conversando com ela, na nossa primeira consulta, fui conhecendo mais sobre a sua carreira e pude compreender em mais detalhes a sua jornada como atleta e histórico de saúde:

— Então, você foi uma das líderes da equipe na conquista da medalha de bronze, em Atlanta, Fernanda?

— Pois é...

“A pessoa tem tantos títulos e vitórias que, para ela, é normal ser tão vencedora!”

Solto automaticamente:

— Vencedora da vida!

Ela agradece com um gesto e um sorriso.

Continuo:

— E as suas filhas? Vão fazer parte da nossa partida também?

Ela entorta o pescoço e fica me olhando, sem entender:

— Que partida?

— A que eu vou ganhar!

Ela move o rosto para os lados:

— Como assim?

Coloco seus exames sobre a mesa e provoco:

— O que você me disse assim que se sentou nessa cadeira?

Ela fica pensativa, mas logo responde:

— Que estou com um quadro tão ruim, que não tenho certeza de que vou ficar 100% outra vez.

Assinto:

— Exato! Pois eu aposto uma partida de vôlei, que eu vou ganhar, que você vai ficar 100% outra vez!

Ela entorta a boca para o lado e fica me olhando, surpresa.

"Acabou de chegar, não me conhece ainda..."

Prossigo:

— E ainda vai escrever essa história num livro!

Ela sorri, de orelha a orelha, e responde, suspirando:

— É exatamente isso que eu quero, Doutor!

Me aproximo da mesa e dela, esticando a mão:

— Temos uma aposta?

Ela ri:

— Você acha que vai ganhar a partida?

Eu estico a mão, provocando:

— Já ganhei!

Caímos juntos na gargalhada.

Selamos a aposta no aperto de mão.

A nova paciente

"Imagina, eu ganhar uma partida contra uma campeã, que simplesmente começou a jogar aos onze anos de idade e não parou mais?"

A menina foi jogar para corrigir um problema de uma escoliose.

Falo comigo mesmo:

— Abençoado o médico que fez essa sugestão!

"Por isso eu trabalho com a Medicina Integrativa e Regenerativa!"

É o que muda a vida das pessoas, porque dá vida a elas. E não remédios!

Eu sabia que o único período em que minha futura oponente ficou sem jogar para o Brasil, foi após a conquista do Campeonato Mundial em 1998. Ao final da disputa, ela anunciou a aposentadoria na seleção, mas continuou jogando em clubes.

"Eu vou ganhar o jogo! Eu vou ganhar!"

Falo sozinho:

— Sou uma pessoa otimista! E devoto de Minha Mãe: Nossa Senhora das Graças!

"Que sempre me guia em tudo o que eu faço, cada passo meu é regido por Ela!"

Depois de conquistar o vice-campeonato nacional jogando pelo Clube de Regatas Vasco da Gama, ficou dezoito meses sem jogar, período em que deu à luz sua primeira filha. Anos depois veio a Vitória!

Benditos sejam os nossos filhos, que trazem luz à nossa vida e dão o maior e melhor sentido a nossa existência.

"Será que uma das filhas vai seguir os passos da mãe? Benzadeus! Vai ser invencível!"

Em 2003, ela voltou à seleção. No retorno, conquistou mais um título da Superliga, e foi eleita a melhor levantadora e jogadora da competição. Fernanda, então, liderou o Brasil na conquista da medalha de prata na Copa do Mundo de 2003 e do título do Grand Prix do ano seguinte, onde foi eleita a melhor levantadora da competição.

Depois, se despediu pela segunda vez da seleção após as Olimpíadas de Atenas. Aposentou-se em 2006, mas em janeiro de 2007, interrompeu, pela segunda vez, sua aposentadoria.

"Essa mulher é incansável!"

A jogadora assinou contrato com o Grupo Murcia 2002, equipe europeia formada por grandes estrelas mundiais, que ela mesma liderou na conquista dos principais torneios da Espanha: a Copa da Rainha e a Superliga Espanhola. Na Copa da Rainha, inclusive, Fernanda foi eleita a melhor levantadora do torneio.

Dou uma gargalhada alta:

— Meu Deus do céu, e eu chamei esta pessoa para uma batalha nas quadras?

Volto às minhas reflexões sobre a mais nova paciente.

"E que pacientes, Senhoras e Senhores!"

A Senhora Venturini não brilhou apenas nas quadras como jogadora, mas também como comentarista nos jogos Olímpicos de 2000 pela SporTV e também na TV Record, contratada durante as partidas da seleção feminina nos Jogos Pan-Americanos de 2007. Também foi contratada pelo Portal Terra, para falar sobre os bastidores da competição e do desempenho das jogadoras brasileiras.

Durante os Jogos Olímpicos de 2008, ela comentou a competição de voleibol feminino no seu blog no Portal Terra mais uma vez.

Em 2011, voltou às quadras pela terceira vez e reforçou a equipe do Unilever para a temporada 2011/2012.

Mas quem disse que tudo isso é muito?

Sussurro, falando comigo mesmo:

— Em 2012, Fernanda virou Barbie!

"Imagina, que homenagem absurdamente fantástica!"

Naquela época, nem vivíamos tantos temas sobre as mulheres em alta como nos dias de hoje, as bonecas ainda eram patricinhas e a Fernanda ajudou a mudar o conceito da marca, lá atrás, para algo esportivo, de sonho e vitória.

Bato palmas sozinho:

— E viva a Senhora Venturini!

A Fernanda foi homenageada pela Mattel do Brasil com uma versão olímpica da Barbie, inspirada em suas feições. A boneca é linda como ela e usa o uniforme da Seleção Brasileira com o número 14 na camiseta.

"E como se seu sucesso já não fosse gigante, Fernanda virou atriz!"

Respiro fundo e suspiro:

— Em 2014, atuou na novela Chiquititas, fazendo ela mesma, como professora de vôlei na escola onde as chiquititas treinavam para jogar vôlei.

Solto e rio:

— Assim como eu!

"Qual o problema de fazer um curso no condomínio?"

Eu vou ganhar!

"Já ganhei!"

Recentemente, Fernanda se dedicava ao ciclismo e ao Beach Tennis, mas, devido aos problemas de saúde, teve que parar com tudo.

"Imagina?"

Em 2022, ela passou a integrar o Hall da Fama Internacional do Vôlei, mas estava se sentindo mal com a performance atual.

"Ou a total falta dela."

O problema

Quando ela chegou até mim, tinha três queixas:

— Eu não sei o que fazer, Doutor Tércio, estou com Condromalácia e com artrose nos joelhos e problema na cervical.

"A condromalácia patelar e artrose são terríveis."

A Condromalácia é caracterizada pelo desgaste da cartilagem do osso da patela, ou rótula, localizado na frente do joelho. A Artrose só acelera e piora isso tudo.

A questiono:

— Entendo, e o que você já fez para tratar esses problemas?

Ela disfarça algumas lágrimas nos olhos:

— Por causa da dor e inflamação, a primeira coisa que fiz foi parar toda atividade física.

Olho sério para ela:

— Deve ter sido difícil para você.

Ela respira fundo e solta:

— Muito.

Sigo na anamnese:

— Mas o que mais?

— Usei gelo, analgésicos, anti-inflamatórios, fisioterapia, para fortalecer o quadríceps e melhorar a estabilidade do joelho.

Ouço sua explicação, enquanto reflito sobre a Condromalácia.

"A parte do tratamento não é realmente fácil, ainda mais para alguém que se exercitou a vida inteira."

A fisioterapia e tudo o que ela fez funciona como uma espécie de proteção da cartilagem e pode impedir ou retardar a progressão da doença, assim como o uso de joelheira, que auxilia no encaixe da rótula sobre o fêmur, melhorando a distribuição de cargas sobre a região e, consequentemente, reduzindo a dor.

"Mas não é o suficiente em muitos casos!"

Volto a nossa conversa:

— Quanto tempo você fez de tratamento, Fernanda?

— Já perdi a conta, muitos meses...

Ela abaixa a cabeça, visivelmente chateada.

A compreendo profundamente:

— Está cansada, né?

Ela sussurra:

— Muito. Eu vivi a minha vida me movimentando e agora não posso mais, tudo dói...

Falo calmamente:

— Não se preocupe, as Partículas Divinas vão renovar você inteira e desaparecer com tudo isso.

Ela levanta a cabeça e fica totalmente ereta, como se tivesse renascido das cinzas:

— Sério, Tércio?

Assinto:

— Seríssimo. Nós vamos aplicar em você a técnica de sanduíche.

Ela se remexe na cadeira:

— Técnica de sanduíche?

— Sim, técnica criada por mim, bem como todos os protocolos biológicos de células-tronco que eu administro, que se baseia em aplicação local, no seu caso, seus joelhos e endovenosa, regenerando todas as inflamações que você tiver no seu corpo de maneira geral, já que essas células possuem inteligência de ir exatamente onde seu corpo precisa.

Ela parece deslumbrada:

— Caramba.

Concordo:

— É isso mesmo, muitas vezes meus pacientes são curados de problemas que eles nem sabem que têm, porque as células-tronco resolvem antes mesmo deles saberem.

— Uau.

Me empolgo:

— Não é lindo? É mágico...

"Por isso eu as chamo de Partículas Divinas!"

Respiro fundo, agradecendo internamente por esse momento.

Ela me pergunta:

— E quanto tempo leva?

Não resisto a mais uma provocação:

— Quanto tempo faz que você está se tratando desses problemas?

— Muito tempo, meses... mais de um ano.

— E sarou?

Vejo seus ombros caírem:

— Não!

— Pois então! Com a aplicação de células-tronco nos joelhos, você já vai sentir resultado imediato, que continua trabalhando gradativamente, regenerando sua cartilagem e eliminando qualquer inflamação, além de ir eliminando a dor de forma definitiva.

Ela se ajeita na ponta da cadeira:

— Eu vou ter cartilagem nova?

Me ajeito também:

— Exatamente isso! As células-tronco mesenquimais, advindas de cordão umbilical, têm pujança máxima.

"É divino!"

— O que isso significa?

— Que a idade delas é equivalente a zero anos, são totalmente novas e sua capacidade de regeneração é a maior que existe e, por isso, elas sendo aplicadas localmente, você se torna capaz de perceber seu resultado de imediato.

Ela volta a se mexer na cadeira:

— Mas quanto tempo leva para um resultado total?

— Seis meses considerando o tratamento endovenoso, que atua em conjunto com a aplicação local. É muito rápido, Fernanda!

A luz no fim do túnel

Ela chora.

"Vamos descontrair..."

— Fique tranquila, eu não vou tirar sarro de você, quando eu ganhar a partida de vôlei e nem irei para a imprensa contar para todo mundo.

Ela ri e chora ao mesmo tempo:

— Eu quero fazer esse tratamento agora!

Neste instante sou eu que rio:

— Precisamos encomendar as células-tronco primeiro, que vêm de um laboratório internacional e, em seguida, faremos a aplicação em você.

Não consigo deixar meu cinismo de lado:

— Imagine que você iria fazer cirurgia pela medicina tradicional e talvez nunca tivesse o resultado que as células-tronco lhe permitem. Você passaria semanas, meses se recuperando, com mais fisioterapia, quando com as Partículas Divinas não têm nada disso.

— Eu vou sair andando daqui?

Rio:

— Até pulando, se você quiser!

Vejo luz em seus olhos.

Reforço:

— Eu sei, minha cara campeã, é a luz no fim do túnel que você buscava.

Ela está emocionada:

— Nem tenho palavras para agradecer.

Aponto o dedo para cima:

— Agradeça a Ele, Deus e Nossa Senhora, que me usam nesta vida como ferramenta para mudar a Medicina e a forma como as pessoas cuidam da saúde no mundo inteiro.

— Uau!

Balanço o pescoço para cima e para baixo:

— A Medicina Regenerativa é o que há de mais tecnológico e avançado em termos de saúde e vem justamente de material biológico, não de remédios! Não há qualquer contraindicação ou efeitos colaterais.

Ela fica boquiaberta:

— Mas porque as pessoas ainda não sabem de tudo isso?

Entorto a boca para o lado:

— Dinheiro...

— Como assim?

— Você acha que é interesse da Indústria Farmacêutica que as pessoas saibam, que num futuro breve, elas não precisarão mais de remédios?

Ela sussurra:

— Ca.. ra.. caaaa.

— Pois é...

Me levanto e sigo com ela para outra sala:

— Vem, vamos agendar sua primeira aplicação com as Partículas Divinas...

E continuamos conversando:

— Bem-vinda à sua cura e à sua nova forma física, você nunca mais vai tratar do seu corpo como antes.

— Mas eu já estou em grau 4, Doutor, da Condromalácia e artrose...

Rio:

— Eu já disse que vou ganhar a aposta, né?

A partida

Tiro o tênis e sinto a areia quente e fofa debaixo dos meus pés.

"Ah, o meu Rio de Janeiro!"

Falo alto:

— Obrigado, meu Deus, por esse mar, essa brisa, esse sol!

Olho para a Martha, o meu amor, tomando sol:

— Ah, meu Deus do céu...

Volto aos meus pensamentos.

Deste dia para a cura total da Fernanda foram poucos meses e ela ficou maravilhada com o nosso processo.

Dou uns pulos na areia para aquecer.

Suspiro:

— A Fernanda simplesmente voltou a ser Fernanda!

"É isso que as Partículas Divinas fazem!"

Renovam, regeneram, restauram, rejuvenescem, trazem vida! E vida em abundância!

Estico os braços para cima, me alongando:

— Lá vem ela!

Ela chega:

— Bom dia, Tércio!

— Bom dia!

Vou para um lado da quadra de areia e me coloco do outro lado da rede:

— Pronta para pagar a aposta e perder um jogo, Senhora Venturini?

Ela ri e se posiciona também:

— Você sabe que eu sou campeã, né?

Rio:

— E você sabe que eu sou uma ferramenta divina, não sabe?

Dou um belo de um saque!

"Obrigado, meu Deus, por mais uma cura!"

“Nas grandes
batalhas da vida,
o primeiro passo
para a vitória
é o desejo de
vencer.”

Mahatma Gandhi

Partículas Divinas da beleza

Imagine que você é uma mulher entre quarenta e cinquenta anos com uma rotina bastante comum nos dias de hoje: você é mãe, dona de casa, profissional, uma filha que cuida dos pais já com idade e algumas dificuldades, alguém que cuida do orçamento doméstico, vai ao supermercado toda semana, tem a preocupação de pagar os boletos em dia, tenta ir à academia com regularidade, sem o sucesso que gostaria, sonha em fazer cirurgia plástica e todo procedimento estético disponível no mercado.

Você está cansada, sobrecarregada, mal-humorada, sofrendo de insônia, desânimo, e não tem a menor noção sobre por onde começar para mudar o cenário atual de sua vida.

Se esta não é a sua realidade porque você está ainda abaixo dos quarenta anos, certamente este cenário é uma das cenas que aterroriza você como uma probabilidade de futuro.

As mulheres dessa geração foram tão cobradas quanto nunca antes, pois elas acumularam as funções da geração *baby boomer*, que eram: ser donas de casa, mães e esposas, com as funções da geração X, que foram se tornar uma profissional graduada, pós-graduada, de preferência com MBA, provedora da casa, mãe independente, já que tantos pais foram embora, profissional reconhecida, além de se manter uma mulher bonita, malhada, sensual e, com tudo isso, ainda bem-humorada.

Mas isso é possível?

Poucas mulheres conseguiram fazer tudo isso e ainda se manterem realmente felizes, porque a sobrecarga foi além da conta. Faltou tempo, faltou energia, faltou disposição, faltou dinheiro, faltou prioridade e faltou esperança.

As mulheres chegaram ao limite!

Ainda que a medicina e a estética, além da tecnologia, tenham evoluído tanto, a mulher sobrecarregada da sociedade moderna se incomoda com os procedimentos estéticos que necessitam de reposição de poucos em poucos meses, têm efeitos colaterais, resultados insatisfatórios e padronização, que transformam rostos parecidos uns com os outros, como algo da moda.

A medicina regenerativa com protocolos biológicos de células-tronco chega para causar uma disrupção e surpresa no embelezamento e rejuvenescimento dessa mulher. Os protocolos biológicos, por se tratarem de um material próprio e inerente ao corpo humano, têm uma duração muito maior que se estende por anos, não têm contraindicação e nenhum efeito colateral.

Essa mulher de trinta, quarenta, cinquenta, sessenta, setenta anos ou mais pode regenerar todo o seu corpo, pele, cabelo, disposição, beleza, viço, qualidade do sono, tonicidade muscular, colágeno, bom humor e tudo que se pode desejar no que diz respeito à qualidade de vida a partir de células-tronco.

Vários protocolos criados por mim para regeneração, rejuvenescimento e cura podem ser utilizados de uma forma que eu denomino como "técnica de sanduíche", que se trata do uso de células-tronco de modo local e interno. O que isso significa? As células-tronco podem ser aplicadas, por exemplo, em todo o rosto de uma mulher que deseja rejuvenescer mais de uma década ou mais, além de receber células-tronco via endovenosa, permitindo que a inteligência destas células trabalhe em seu corpo exatamente onde ele precisa, mesmo que a própria paciente não tenha esse conhecimento.

Com isso, a paciente tem toda a pele do seu rosto regenerada e rejuvenescida, além de ter uma restauração geral de todo o seu corpo internamente, proporcionando um aumento da qualidade de vida, através da melhora da qualidade do sono, da tonicidade de toda a musculatura, do condicionamento físico, da sexualidade, do humor e tudo o que a mulher sonha melhorar em si mesma para dar conta de seu entorno tão dificultado pela vida moderna.

Se você se identifica com este cenário no momento presente ou o teme num futuro não muito distante, saiba que a partir de agora você tem a solução através do que eu chamo de Partículas Divinas, o melhor material que existe para a cura, regeneração e rejuvenescimento, sem qualquer contraindicação, além de uma durabilidade muito acima da de materiais sintéticos.

Não espere mais para melhorar a sua qualidade de vida e autoestima. Não desista de você mesma porque o mundo a sobrecarregou. Ao mesmo tempo que tudo isso aconteceu, você se tornou uma das mulheres que mais se empoderou no decorrer da história, por se tornar quem é. E poderá se empoderar ainda mais a partir de agora, renovando sua saúde, brilho e autoestima.

As Partículas Divinas são o que há de melhor para trazer luz a esse cenário. Permita-se ser feliz novamente. Venha conhecer os protocolos biológicos de células-tronco e mude completamente sua vida para algo que você pode chamar de sonho realizado.

"Lutar pelo amor é bom, mas alcançá-lo sem luta é melhor."

William Shakespeare

Células-tronco, a sexualidade e a alegria de viver

Uma das maiores fontes de satisfação da vida é a vivência plena da nossa sexualidade. Ainda que em tempos tão modernos este tema ainda possa ser considerado um tabu, a sexualidade é algo inerente ao ser humano, uma prática que produz hormônios positivos e muda completamente o nosso humor, saúde, satisfação e vontade de viver.

Infelizmente, com a correria e obrigações da vida moderna, além do envelhecimento natural, muitas vezes, a vida sexual é deixada de lado, como se fosse um assunto para segundo ou terceiro plano na vida de uma pessoa, quando não deixa de existir completamente dentro da sua lista de prioridades ou necessidades do dia a dia.

A sexualidade é um tema que deveria ser prioridade na vida de todas as pessoas, pois estamos falando de algo que gera saúde, alegria e qualidade de vida. Uma vida sexual saudável permite que uma pessoa tenha mais disposição para praticar exercícios físicos, para cuidar de si mesma, de sua saúde e aparência: ela dorme melhor, se alimenta melhor e se sente mais disposta de todas as formas possíveis.

A sexualidade funciona até mesmo como uma válvula de escape para um dia de estresse, além de alimentar o nosso lado emocional quando estamos dentro de um relacionamento saudável.

A falta de uma sexualidade ativa e saudável torna o ser humano incompleto, insatisfeito, mesmo que ele ainda não perceba a falta que essa parte da sua vida provoca em si mesmo.

Vivemos um momento da sociedade em que a sexualidade se tornou uma espécie de *fast food* emocional, devido à dificuldade de criar novos e bons relacionamentos com verdadeiras conexões. E, além disso, percebo, dentre meus pacientes, pessoas que estão num relacionamento, mas já não trocam mais afetividade e vontade de reverter essa situação.

A zona de conforto que muitos casais se submetem, devido à monotonia, anos de convivência e consequente falta de paixão, leva as pessoas a esquecerem do quanto a sexualidade é fator de soma em suas vidas, uma prática que agrega a sua felicidade e satisfação, traz de volta o ânimo e a vontade de viver.

Muitos de meus pacientes vêm até mim para tratar alguma insatisfação ou problema a partir de células-tronco. Outros vêm justamente para tratar uma impotência ou falta de vontade em relação à sexualidade. Independentemente do motivo que eles vêm até mim, uma nova fase de sua sexualidade é despertada após o início do tratamento.

Consequentemente, ocorre um resultado incrível de melhora da sexualidade com os tratamentos com os protocolos, que podem ser de modo local, quando se trata de impotência, ou de modo endovenoso, quando o paciente decide por um caminho regenerativo total de sua saúde.

É importante que as pessoas comecem a criar uma disrupção sobre a forma como cuidam de seu corpo e de sua saúde hoje. Os protocolos biológicos criados por mim vêm regenerando, rejuvenescendo e transformando a vida de centenas e milhares de pacientes por todo o mundo e melhorando o seu estado emocional, pois a alegria de viver volta, a partir de uma nova disposição física que afeta todo o corpo e mente, reverberando em suas emoções.

A sexualidade pode e deve ser olhada como prioridade na vida de todo ser humano, e, por isso, existem protocolos de células-tronco específicos para este fim, mas, ainda que isso não seja um problema na sua vida, saiba que o tratamento geral ou de rejuvenescimento do seu corpo irá melhorar a sua sexualidade ainda mais, assim como a sua beleza, a sua disposição, o bom humor e a qualidade de vida como um todo.

Jamais sinta vergonha da sua sexualidade, ela é inerente à vida de todos nós e, quando olhada com a importância que merece, ela é potencializada, pois, quando bem vivida, nos permite um nível de felicidade, satisfação e completude maior do que a maioria das pessoas se permite viver.

As células-tronco vieram para mudar a forma como tratamos o nosso corpo hoje e como iremos mantê-lo cada vez mais jovem, mesmo que vivendo mais a cada geração.

Permita-se, viva!

"Tenho apenas
duas mãos e
o sentimento
do mundo."

*Carlos Drummond
de Andrade*

Células-tronco no esporte

Se você é um atleta profissional ou mesmo amador, sabe que, com o excesso de exercícios físicos, se causa um desgaste nas articulações e na própria musculatura com frequentes lesões durante a vida esportiva. Muitas dessas lesões tornam as pessoas inaptas a exercer o seu melhor durante o esporte e no dia a dia. Isso quando não se veem obrigadas a interromper toda uma carreira, devido a uma lesão ou desgaste sério de alguma parte do corpo que não se regenera, como o joelho.

Um joelho muito desgastado às vezes não é recuperado nem mesmo com prótese ou cirurgia, porque, ainda que se elimine a dor, a *performance* daquele joelho já não se torna mais a mesma que foi anteriormente. Além disso, o impacto mental e emocional para as pessoas que passam por esse processo é algo muito delicado. Muitas vezes, o indivíduo fica anos lidando com a dor e com uma *performance* limitada que prejudica seu entusiasmo, vigor, alegria e até mesmo a vontade de continuar; o paciente se torna depressivo, quando não, ranzinza. Mas isso é natural, conviver com uma dor é que não é e nem deveria ser algo normal.

Mas há uma boa notícia, aliás, uma excelente notícia!

Os protocolos biológicos de células-tronco são capazes de curar totalmente as articulações e partes do corpo que são praticamente desenganadas pela medicina tradicional, tendo a cirurgia ou implante de próteses como a única solução. Felizmente remamos contra a maré quando falamos sobre células-tronco.

Os protocolos biológicos criados por mim não necessitam de cirurgia e/ou prótese. A partir de um tratamento simples, local e endovenoso, se pode restaurar todo um joelho e a disposição do paciente que ficou para trás durante o seu processo de dor. A vida volta ao lugar de onde nunca deveria ter saído: a satisfação com o próprio corpo, a carreira como atleta e a vontade de viver.

Quando utilizo esses protocolos em meus pacientes, muitas vezes, eles vêm por um único motivo, como a perda do sono, o rejuvenescimento, uma dor ou doença específica, mas quando eles colhem os resultados do tratamento, que alguns veem em curto prazo e outros em médio e longo prazo, eu vejo o meu paciente brilhar outra vez, é como se ele voltasse à vida. E, de certa forma, é isso mesmo que ocorre.

As células-tronco, ou as Partículas Divinas, como gosto de chamá-las, vêm regenerando os corpos de meus pacientes de forma tão efetiva que transformam suas vidas completamente, a alegria de viver é um efeito colateral latente entre todos os meus pacientes.

Imagina você tratar uma doença e se perceber mais jovem e mais bonito em seguida? Sentir uma disposição que há décadas não sentia, se percebendo e se sentindo adolescente outra vez?

Este é o poder das células-tronco que nenhum outro remédio pode trazer, nem prótese, nem cirurgia e nem somente vitaminas, minerais ou suplementos alimentares. Embora eu utilize a soroterapia como uma ferramenta de apoio aos tratamentos e melhore os níveis de vitaminas e bons suplementos em meus pacientes, somente isso não faria toda a mágica que as células-tronco fazem.

Cada paciente é devidamente examinado, ouvido e tratado com muito carinho e respeito. E o sucesso dos tratamentos é evidente para mim no sorriso que meus pacientes voltam a esboçar quando começam a perceber os resultados dos protocolos biológicos em seus corpos. E mais: eles sempre voltam para repetir o tratamento ou solicitar um novo protocolo. A alegria é tão grande que eles passam a usar as Partículas Divinas para todo e qualquer problema de saúde que vêm a ter em suas vidas e não mais seguem na medicina tradicional.

Meus pacientes também voltam com familiares e amigos, desejando que o mundo todo possa ter acesso ao que hoje pertence a apenas uma elite. E o meu propósito de vida tem sido cada vez mais compartilhar informações sobre o que vai causar uma disrupção do conhecimento em todo o planeta.

As células-tronco vieram para mudar a forma como tratamos os nossos corpos hoje e como iremos mantê-los cada vez mais jovens mesmo que vivendo mais a cada geração.

Não fique de fora do que há de mais moderno e atual na medicina regenerativa!

“A vida é maravilhosa, se não se tem medo dela.”

Charles Chaplin

As células-tronco e a disrupção do conhecimento

Se você é da geração *baby boomer*, X ou Y, saiba que você tem muito a desaprender sobre a medicina tradicional e a aprender com a medicina regenerativa.

Embora as células-tronco sejam conteúdo de matéria obrigatória na escola, pouquíssimas pessoas se lembram do assunto porque elas se esquecem do quanto essas células são essenciais em nossas vidas, já que elas são a própria vida: as Partículas Divinas.

Nós nascemos de uma única célula-tronco, que vem da junção de um óvulo e um espermatozoide e que, depois de formar essa única célula, irá se multiplicar exponencialmente até formar um ser humano completo, pronto para vir ao mundo com um estoque de bilhões de células-tronco que irão garantir a sua regeneração diária para o resto de sua vida.

Sabe toda vez que você se machuca com um corte na pele, e ela cicatriza, fazendo uma ferida até fechar e ficar perfeita outra vez? É o seu estoque de células-tronco sendo utilizado!

Aprendemos com a medicina tradicional a ir ao médico, fazer exames e a tomar remédios. E pior: fomos influenciados por um comportamento social de automedicação, um perigo à solta por todo o mundo. Com a revolução da medicina, através da medicina regenerativa e do uso dos protocolos biológicos, tudo muda de figura.

Os protocolos biológicos visam à cura através das células-tronco, à total regeneração das células e à restauração dos órgãos e tecidos por meio de material que pertence a nós mesmos, seja através do sangue, da gordura ou de células de cordão umbilical. Não precisaremos mais passar a vida tomando remédios, cheios de efeitos colaterais e dependências, mas passaremos a nos curar de forma profunda e definitiva, ficando melhores em todos os sentidos.

As células-tronco regeneram as nossas células, eliminam as doenças e retardam o envelhecimento natural ao qual todos estamos fadados a vivenciar. A cada tratamento com células-tronco, a partir de células mesenquimais, oriundas de cordão umbilical, passamos a ter um terço da idade atual, em que as células são aplicadas. Por exemplo: se você fizer um tratamento do coração ou da pele do rosto com essas células, a qualidade do local será equivalente a um terço da sua idade.

Já imaginou? Não se trata de um sonho, mas de uma realidade ao alcance da maioria de nós, especialmente dos que se informam!

E é isso que as células-tronco fazem: curam, regeneram e rejuvenescem. E sem efeitos colaterais, dor ou problema.

As células-tronco estão substituindo cirurgias comuns, cirurgias de risco, cartelas e cartelas de remédios, além de uma infinidade de dificuldades.

A medicina regenerativa trata a saúde como sempre deveria ter sido tratada: a partir do que é natural, possui durabilidade e não diz respeito a conflitos de interesses da indústria farmacêutica. Pelo contrário, essa disrupção da medicina não é bem-vista pela indústria, uma vez que irá diminuir drasticamente o seu monopólio, lucros e manipulação de toda uma sociedade doente e mal-informada, que só alimenta o interesse de poucos, abusando do desconhecimento da maioria, o que acontece através de desinformação, doenças e remédios plantados no mundo inteiro sem necessidade.

Vivemos um *looping* da indústria farmacêutica que está pronto para ser substituído pelo que há de melhor: a saúde advinda de materiais biológicos, ou seja, do nosso próprio corpo, sem contraindicação.

Enquanto milhares de pessoas morriam durante a pandemia da covid-19 e outras milhões sofriam o medo da morte, poucas foram as que se curaram da doença através do uso de células-tronco. Pessoas famosas, ricas e bem-informadas. Você podia imaginar? Sabia disso?

O quanto você se sente enganado, descobrindo, agora, que havia um caminho para se curar da covid-19 que só pouquíssimas pessoas sabiam? O mesmo ocorre com a medicina como um todo, pois existem informações que apenas poucos detêm e usam para alimentar uma indústria inteira à custa da população mundial. O quanto você alimenta a indústria farmacêutica? Você tem noção disso?

As células-tronco pedem passagem para deixar de ser um produto e informação de uma pequena elite para se tornar acessível a todos os cidadãos que desejam ter uma saúde e uma vida melhor, porque esta não deve ser medida em dias em que se vive, mas pela qualidade dos dias vividos.

Células-tronco regeneram, trazem de volta a saúde, começando pelo básico: elas melhoram o sono, o humor, a sexualidade, a pele, o viço, a musculatura, os tecidos, o humor, a disposição, a energia e tudo o que diz respeito ao bem-estar e à qualidade de vida.

Você se sente pronto para essa nova era da medicina?

Está pronto para dizer adeus às suas idas semanais ou mensais às farmácias?

Esse é um novo tempo!

De vida, saúde e conhecimento!

"É parte da cura o desejo de ser curado."

Sêneca

As células-tronco e o amor

Antes de querer encontrar a nossa cara metade, devemos estar aptos a amar a nós mesmos. Isso faz sentido, porque é o amor-próprio que nos livra da projeção de buscar no outro tudo aquilo que nos faltou na infância e quiçá ainda falta, se continua sendo uma questão não resolvida.

Mas o que isso tem a ver com células-tronco?

Quem ama a si mesmo se cuida, não fica esperando que o outro venha para ser cuidado por outrem. Ou, pior, não fica no posicionamento de achar que a outra pessoa deve aceitá-lo de qualquer jeito e a qualquer custo.

Veja! Se você está velho, ranzinza, acima do peso, enferrujado, sem vida, sem potência para a sexualidade, depressivo e cansado, é sinal de que nem você está gostando de si mesmo. Como pode acreditar que outra pessoa deve amar você exatamente como você está?

O amor-próprio é aquilo que irá lhe movimentar a sair do lugar e a se cuidar. Quem se ama busca se alimentar de forma saudável para se sentir bem, ter bom humor e boa disposição. É alguém que busca movimentar o corpo, respirar ar puro, se divertir com os amigos, dormir bem, estudar, trabalhar e ter uma rotina com vários hábitos positivos e construtivos.

Existem dois círculos em que podemos viver. O círculo vicioso é aquele de alguém que vive com baixa autoestima, sem amor-próprio: come demais, bebe demais, fuma, não se exercita, não busca autoconhecimento, nem desenvolvimento ou boas relações, deixando de construir a si mesmo, dia após dia.

O círculo virtuoso é o contrário, é alguém que trabalha o amor-próprio todos os dias: se alimenta bem, dorme bem, cuida do corpo, faz cursos de autoconhecimento e desenvolvimento, estuda, trabalha, constrói relacionamentos afetivos verdadeiros e alimenta boas amizades. Isso é amor-próprio.

Não espere que, estando num círculo vicioso, alguém ame você, resgatando-o da lama em que você mesmo se colocou. Se você encontrar uma pessoa disposta a fazer isso, provavelmente se tratará de uma pessoa também de baixa autoestima, e essa relação não vai muito longe ou se torna tóxica e de dependência emocional.

Amor bom é construído e vivido por duas pessoas que trabalham a si próprias, desenvolvem o autoamor e o autocuidado e se tornam suas melhores versões, primeiro para elas mesmas e depois para o outro.

Aí sim entram as células-tronco!

Na minha trajetória na medicina regenerativa, tenho sido testemunha de muitos casais que veem seus casamentos sendo regenerados a partir das células-tronco. Mas como isso funciona?

As células-tronco regeneram o paciente de forma individual: melhoram seu sono, seu apetite, humor, musculatura, pele, cabelo, potência sexual, disposição e alegria, e a pessoa passa a se sentir jovem novamente. É uma transformação mágica.

Quando isso ocorre com um casal, ouço relatos do quanto o uso das células-tronco salvou o casamento ou rejuvenesceu a relação a ponto deles se sentirem em lua de mel novamente.

Às vezes, eu trato uma única pessoa, mas o resultado é sempre tão fascinante que logo este paciente traz seu parceiro ou parceira para receber a mesma mágica que recebeu. E depois traz o filho, a filha, o pai ou a mãe.

Por que isso?

Porque quem ama cuida! Cuida de si mesmo em primeiro lugar! Lembra-se do amor-próprio como sendo o requisito inicial para amar a alguém? É assim que a vida funciona, não adianta bater o pé.

Depois que aquele que está dotado de autoamor se vê rejuvenescido pelas células-tronco, automaticamente quer oferecer o mesmo a quem ama. Quando vejo esse desdobramento entre meus pacientes, inevitavelmente acabo fazendo minhas reflexões sobre o amor.

Eu mesmo, após vinte e um anos lutando contra o câncer e depois de trezentas e sessenta e oito sessões de quimioterapia, me vi acabado, cinza, sem viço, mal-humorado, cansado, velho, sem cabelo, sem cílios ou sobrancelha. Mas minha vida mudou quando conheci a minha mulher, pois o meu amor por ela foi tanto, que me lembrei do meu amor-próprio e fui me cuidar.

Assim surgiram os meus protocolos de células-tronco. Foi pelo amor à minha mulher e a mim mesmo, querendo merecê-la, que decidi criar os meus protocolos: me usando como cobaia. Eu tinha que me reconstruir, me regenerar e rejuvenescer para fazer jus ao maior amor que a vida me presenteou.

Se quiser saber mais sobre essa história, leia o meu livro "*Partículas Divinas*", em que narro toda a minha trajetória de vida e na medicina, entrelaçada às células-tronco.

Por ora, lembre-se de olhar para si mesmo. Se você busca o grande amor da sua vida, em primeiro lugar, olhe-se no espelho e lembre-se de que seu primeiro grande amor deve ser você. Só depois dessa compreensão, você estará apto a amar outra pessoa num nível de consciência profundo que se sobressai à era dos amores líquidos e superficiais para a construção de algo sólido e duradouro, que realmente vale a pena ser vivido.

Não seja líquido para quem você ama e muito menos para si.

Ame-se! Cuide-se! Viva a melhor versão que você pode ser! E atraia a sua melhor companhia.

E, se decidir por tudo isso, considere conhecer o poder das células-tronco, transformando a sua vida e a de quem você ama em plenitude, juventude e vida!

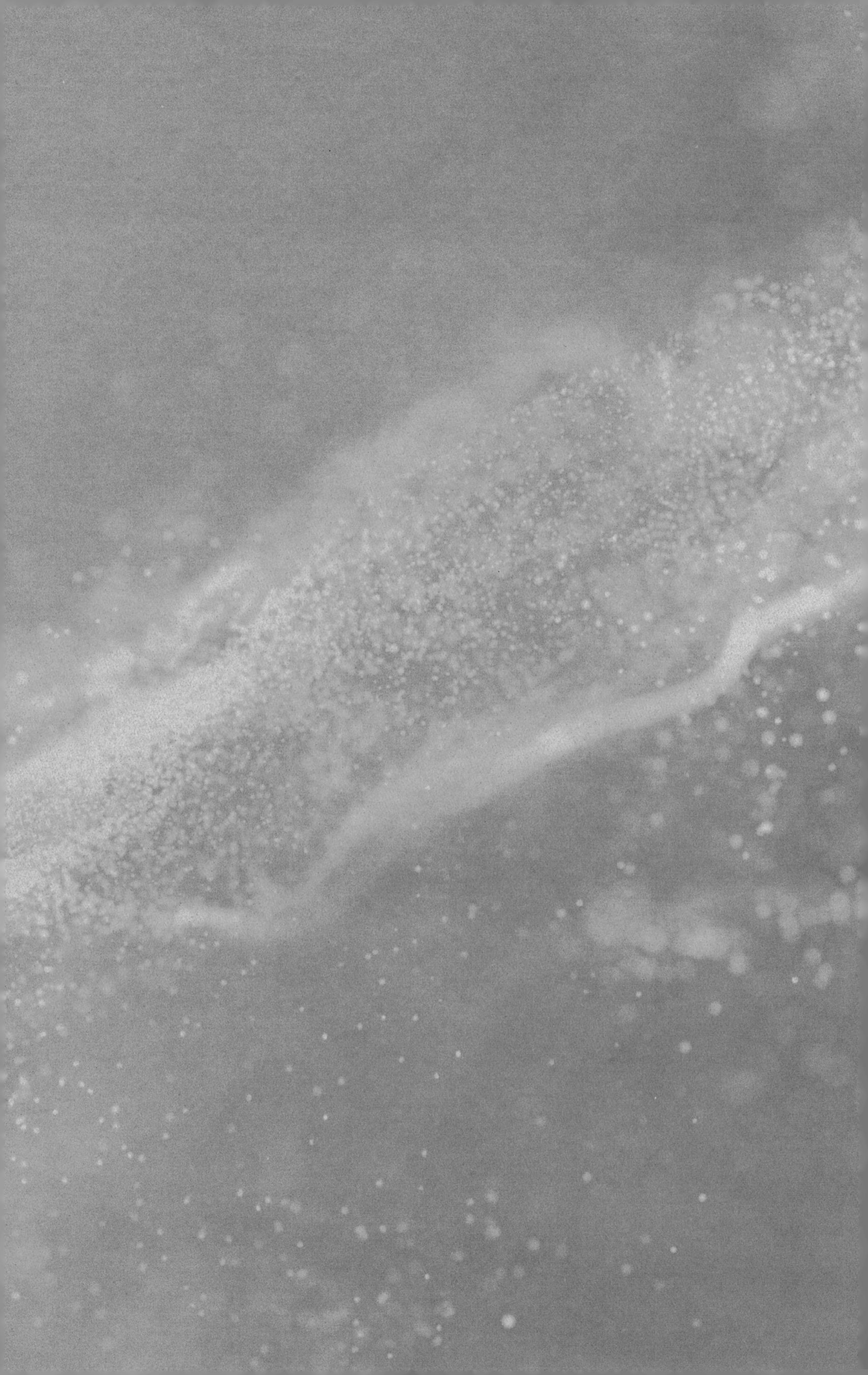

“A vida é muito importante para ser levada a sério.”

Oscar Wilde

E o seu coração, vai bem?

Se tem algo espetacular que venho sendo testemunha na minha trajetória como médico e no caminho da medicina regenerativa é a oportunidade de assistir órgãos se regenerando, bem como pele rejuvenescendo, musculatura se fortalecendo, cabelo ficando cheio novamente, disposição, energia, bom humor e saúde como um todo.

Acompanhei vários pacientes que chegaram até mim como um recurso final, uma última tentativa antes de seguir para uma mesa de cirurgia.

O que acontece com o ser humano, mas não deveria ser assim, é que muitos só passam a cuidar da saúde ou lembrar que precisam pensar nisso quando já estão muito doentes. Então, nesse ponto, já se começa com uma indicação cirúrgica.

Certa vez, uma pessoa do mundo político veio até mim, já com uma cirurgia de coração agendada num dos hospitais mais importantes do Brasil. Ela iria pagar meio milhão de reais para tentar salvar a sua vida e ainda correr um alto risco de não voltar da sala de cirurgia.

"E quem é que deseja passar por isso?"

O medo aciona todos os alertas em nós: "Eu vou morrer? Vou deixar meus filhos? O que eu fiz da minha vida? Por que não me cuidei antes?".

E as várias promessas de mudar dali para frente, caso se sobreviva à cirurgia, começam a ser planejadas mentalmente. O desespero é total e um fato!

Nesse momento, os pacientes costumam buscar alternativas pelo medo que sentem de passar por um processo cirúrgico delicado e do risco de morrer que inevitavelmente são obrigados a assumir. Aí, muitos descobrem o meu nome pela internet ou pela indicação de um amigo ou paciente que passou comigo.

Por que isso acontece?

Porque as células-tronco regeneram o corpo humano onde quer que ele precise, sem cirurgia, sem risco de vida, sem sintomas, sem sequelas, sem praticamente dor alguma ou qualquer aspecto negativo.

O único lado negativo que poderia ser citado nessa sequência é a falta de informação da sociedade sobre o poder das células-tronco, que é algo mágico, divino, exatamente como eu as nomeio em meu livro: elas são as Partículas Divinas que irão mudar o mundo!

O meu mais novo paciente, o político que estava prestes a ser operado, então recorreu a mim. Acreditou no tratamento e na potência das Partículas Divinas a partir da minha técnica de sanduíche, que consiste em aplicação das células no corpo via endovenosa e no local, no seu caso, no coração.

A resposta do tratamento corresponde a seis meses e acontece gradualmente: uma melhora significativa do sono, do apetite, do humor e da vontade de viver. Um processo de rejuvenescimento interno começa a acontecer aos poucos, melhorando a circulação, a musculatura e tudo mais. Em três meses, se há dores, elas começam a diminuir até desaparecerem por completo, os órgãos se regeneram, as inflamações cessam, e problemas que até mesmo se desconhecem são resolvidos, antes mesmo que eles venham a surgir.

Em seis meses, o tratamento está completo e não há mais doença, não há mais dor, não há mais problema e nem necessidade de remédios.

É claro que para cada caso e situação de saúde haverá aspectos diferenciados, como o mal de Alzheimer de uma senhora de noventa anos que regrediu muito, permitindo que esta mulher que já não reconhecia mais ninguém e nem saía de casa conversasse normalmente com seus entes queridos outra vez.

As células-tronco fazem milagres e, por isso, eu trabalho com esse propósito de vida: levar o tratamento e a informação ao maior número de pessoas possível, para que a sociedade mude, para que possamos parar de alimentar a indústria farmacêutica, quando, na verdade, não precisaríamos estar fazendo isso, vivendo numa escravidão inconsciente que a maioria ainda não percebeu que atua. Mas este é um tema para outro artigo, ou, se quiser saber mais, leia o meu livro *Partículas Divinas*.

Hoje, meu paciente do coração está feliz. Economizou meio milhão de reais, não foi para a mesa de cirurgia, passou a ser feliz novamente, se casou, teve um filho e voltou a jogar futebol.

Este é o papel das células-tronco e o meu na medicina regenerativa: trazer as pessoas de volta à vida!

E você tem cuidado do seu coração? Como cuida da sua saúde? Está lidando com ela com a sorte? Cuidado! Não espere uma indicação cirúrgica para olhar o que há de mais importante na sua vida: o seu corpo e a sua saúde.

A medicina regenerativa trata você da melhor forma possível, para que você jamais adoeça, mas viva o melhor de sua própria plenitude.

Viva uma vida saudável, feliz, no seu máximo potencial.

Venha conhecer a medicina regenerativa e torne-se a sua melhor versão!

"Cultivar estados mentais positivos como a generosidade e a compaixão decididamente conduz à melhor saúde mental e à felicidade."

Dalai Lama

Que tal jogar fora sua cartela de remédios para sempre?

Se você ainda não sabe o que são as células-tronco ou simplesmente não se lembra, imagine que o encontro de um único espermatozoide e um óvulo formam a primeira célula-tronco que vai dar vida a um indivíduo exatamente como você.

O poder das células-tronco é de se multiplicar exponencialmente até que o ser humano esteja completo e carregado de bilhões de outras células-tronco para a regeneração diária de todos os seus órgãos, até o resto de sua vida.

As células-tronco são as únicas células que se adaptam e se transformam em qualquer outra célula necessária para a regeneração de diferentes partes do corpo. Isso quer dizer que elas têm o poder e a inteligência de se adequarem a qualquer parte sua que esteja necessitada de cura ou regeneração.

Quando você se machuca e abre uma ferida na pele, você não se preocupa, por que sabe que, em poucos dias, aquela ferida irá pouco a pouco cicatrizar, formando uma casca, até sumir por completo. Este foi mais um trabalho bem-sucedido das células-tronco do seu corpo.

Quando você faz uma cirurgia e tem um ou mais órgãos da sua barriga cortados, são as células-tronco que vão entrar em ação para cicatrizar e regenerar tudo o que foi feito durante o procedimento para a restauração de um determinado órgão, como o estômago, o intestino, o fígado, a vesícula, ou todos eles juntos, além da pele, terminações nervosas etc.

Se as células-tronco do seu corpo têm a capacidade de regenerar qualquer parte de seu organismo, você consegue imaginar, o que seria ter posse dessas células num pequeno frasco e aplicá-las em qualquer lugar que você considere necessário?

Imagine, por exemplo, se você pudesse pegar esse frasco e aplicar no seu couro cabeludo para que você volte a ter mais cabelo? Ou, se você pudesse aplicar essas células tão inteligentes em todo o seu colo e rosto para regenerar e rejuvenescer toda a sua pele, voltando a ter uma aparência mais jovem? Ou ainda, se você pudesse aplicar as células-tronco no seu órgão genital, para que você voltasse a ter a potência de um jovem adolescente?

Este exercício de imaginação não é apenas um sonho, mas uma realidade que ainda é de poucos, de uma pequena elite, devido à falta de informação e democratização do uso das células-tronco em boa parte do planeta. Alguns países já possuem autorização e trabalham com as células-tronco de forma livre, oficial e regularizada, proporcionando aos seus cidadãos a melhor e mais atual medicina que existe, a que cura você a partir de material biológico, daquilo que provém do seu próprio corpo, sem qualquer contraindicação ou efeitos colaterais, com resultados melhores e definitivos. No Brasil, isso ainda não acontece na proporção que gostaríamos, mas estamos caminhando para isso.

A falta de informação sobre células-tronco e a sua regularização no país faz com que esse tipo de tratamento seja apenas para uma fração mínima da sociedade, como quando, no auge da pandemia, pessoas famosas, importantes e de alto poder aquisitivo puderam tratar a covid-19 e, principalmente, as sequelas do pós-covid com células-tronco.

Enquanto milhares de pessoas perderam suas vidas com uma pandemia que amedrontou o mundo inteiro, apenas uma mínima porção de cidadãos doentes teve acesso à informação e ao tratamento e tiveram suas saúdes regeneradas a partir de um pequeno frasco com bilhões de células-tronco.

Atualmente, as células-tronco utilizadas para esses tratamentos, os chamados protocolos biológicos, ou de células-tronco, criados por mim, vêm de cordões umbilicais que seriam descartados após o nascimento de toda e qualquer criança. Essas células são consideradas como coringas, pois são as de maior potencial regenerativo e se adaptam a qualquer pessoa, absolutamente sem contraindicação.

Eis o conteúdo dos frascos do que eu chamo de Partículas Divinas: as células-tronco! As partículas que irão causar a maior disrupção do conhecimento sobre a medicina neste planeta. O pequeno frasco que irá substituir centenas ou milhares de cartelas de remédios que um indivíduo se vê obrigado a usar durante uma vida inteira, que se regenerando a partir de células-tronco, provavelmente não precisará mais.

As células-tronco significam o tratamento do futuro para a maioria das doenças existentes, inclusive das que supostamente não possuem cura como o mal de Alzheimer, ELA, esclerose lateral amiotrófica, autismo, doenças do coração, problemas ortopédicos de esportistas profissionais, doenças autoimunes, e quase tudo o que você puder imaginar. O que hoje as células-tronco ainda não tratam, será tratável no futuro, pois estamos no caminho desse conhecimento tão disruptivo, necessário e transformador para todo o mundo.

As células-tronco curam, regeneram, embelezam, rejuvenescem e trazem de volta a toda pessoa que tem acesso ao seu tratamento a melhoria do sono, da musculatura, do humor, do desempenho sexual, da aparência e tudo o que buscamos como melhoria de vida.

“Até cortar
os próprios
defeitos pode ser
perigoso. Nunca
se sabe qual é
o defeito que
sustenta nosso
edifício inteiro.”

Clarice Lispector

Alzheimer e as células-tronco

O mal de Alzheimer é uma das doenças mais temidas pelas pessoas que estão avançando em suas jornadas, já que o índice de incidência pode chegar a trinta por cento da população acima dos oitenta e cinco anos, e a cura ainda não foi encontrada.

Ao invés das pessoas aproveitarem a terceira idade e celebrarem por estarem alcançando o privilégio de uma vida longa, elas sofrem pelo medo do que podem vivenciar.

Quem é que nunca se imaginou esquecendo de toda a sua vida aos poucos e dando trabalho aos seus entes queridos?

Perder a memória é, sim, algo aterrorizante. Essa perda acontece gradativamente, com o paciente ciente de que está com o cérebro definhando. É terrível. Não há outra opção, senão aceitar o processo que irá acontecer, sem que ele mesmo saiba como vai se desenrolar.

Quem é acometido pelo Alzheimer começa a ter pequenos esquecimentos, fica confuso e segue num declínio em diferentes fases, até se esquecer quem é. O conhecimento adquirido ao longo da vida é esquecido, bem como as próprias histórias e as pessoas que se ama. A estimativa de vida após o diagnóstico costuma variar de oito a dez anos.

Num estágio mais avançado, o paciente com Alzheimer pode ficar agressivo, porque se incomoda com seu próprio esquecimento, sente medo, se sente acuado, fica bravo com as pessoas ao seu redor, não compreende mais o que está acontecendo e quem é quem, até chegar ao último estágio, quando fica prostrado numa cama, sem fala, com dores e num vazio de memórias. É difícil para todos os envolvidos.

Tive uma paciente de noventa e oito anos com Alzheimer, mãe de um amigo, que já não reconhecia o filho ou qualquer pessoa da família. Ela também não saía de casa, embora morasse em frente à orla de Copacabana, no Rio de Janeiro. O marido dessa senhora vivia uma tristeza sem fim por testemunhar a perda de sua esposa todos os dias.

Seu filho se sentia triste e desesperançoso pela situação da mãe, já fazia dois anos que ele assistia a sua piora lenta, mas a olhos vistos.

Então, ele recorreu ao tratamento com células-tronco e viu o milagre acontecer. Aquela senhora, uma artista que havia esquecido quase tudo de sua própria vida, seis meses após o início do tratamento, um dia olhou para o filho e o chamou pelo nome.

O filho quase deu um pulo de tanta alegria, mas não foi só isso:

— Eu quero ir à praia — ela disse.

Seu desejo foi mais do que uma ordem, foi como uma volta à vida.

Todos ficaram de olhos arregalados, sem saber o que fazer, nem como reagir.

O filho chorou e logo a obedeceu:

— Vamos para a praia, mãe!

Lentamente, eles conseguiram atravessar a rua para alcançar o pé na areia, onde a senhorinha toda feliz expressou um desejo:

— Eu quero comprar um chapéu!

E ela escolheu um chapéu e deu dicas para o vendedor sobre como deixar seus outros produtos ainda mais bonitos.

Sabemos que essa doença ainda não tem cura, mas esse exemplo do uso das células-tronco é só mais uma prova do quanto podemos regredir processos degenerativos e de envelhecimento, trazendo qualidade de vida, mesmo a quem está na fase final de sua vida.

Todos iremos morrer um dia, mas até lá podemos escolher como iremos passar por nossos processos.

A mãe do meu amigo não teve apenas um episódio de melhora, mas ela regrediu seu estado de deterioração, trazendo qualidade aos seus dias e alegria a ela mesma e a toda família.

Qual o significado de ver uma pessoa que você ama se lembrando de quem ela é, após dois anos dentro de um processo de esquecimento?

Mesmo que você ainda seja jovem, já pode olhar para essa informação e perceber a sua devida importância, uma vez que todos seguimos pelo mesmo caminho.

Nascemos, crescemos, envelhecemos e morremos. Entre o início e o fim, aquilo que fazemos no dia a dia e assumimos como hábito nos permite ter uma vida de qualidade ou não. E o acesso à saúde e à informação depende do quanto você se abre para o conhecimento.

A preocupação com a saúde deve ser algo inerente a você, às decisões que toma no dia a dia sobre a sua alimentação, exercícios físicos, remédios, vitaminas, abrir mão de vícios e alimentos nocivos, bem como se informar sobre tudo aquilo que faz bem e previne o envelhecimento e toda e qualquer doença.

Viver bem é uma escolha!

“A doença Alzheimer é parte da doença envelhecer, é só mais uma das muitas degenerescências e disfunções que sofremos ao longo dos anos.”

Tércio Rocha

As células-tronco e a sua disposição

O quanto você se sente disposto na hora em que acorda? Você abre os olhos e se sente animado e feliz por estar acordando ou tem a sensação de que seria melhor dormir mais?

Quando foi a última vez que você levantou de manhã e se sentiu tão renovado quanto quando era criança ou adolescente?

É indiscutível que a qualidade do sono interfere em todo o dia que você vai ter, após uma noite bem dormida, mas o contrário também é verdadeiro. Infelizmente!

Como você fica após uma noite de bebedeira ou de muita comilança? Excesso de estresse? Excesso de atividade física? Problemas emocionais?

Uma noite mal dormida pode significar um desastre no dia seguinte. Quem dorme mal trabalha mal, come mal, sente-se mal e mal fala, quiçá rosna.

A vida é uma sequência de altos e baixos sem fim, dois para lá, dois para cá, num ritmo que não somos nós mesmos quem ditamos, apenas seguimos no balanço, tentando nos equilibrar como numa corda bamba.

Como seguir no fluxo da vida da melhor maneira possível? Dá para ir sem cair?

As quedas, na verdade, são inevitáveis e muito positivas, quando já se adquiriu a maturidade de perceber que toda fase ruim é propícia para se amadurecer, se fortalecer e se criar a fase seguinte – boa.

Assim é o velho ditado: "quando tudo está ruim, é sinal de que o bom está perto!".

Como você pode fazer a sua parte da melhor forma e sobressair dentro da sua jornada de vida?

As células-tronco são parte de quem somos, biologicamente falando, mas, em termos de medicina regenerativa, ela ainda é novidade ou desconhecida para muitos, por se tratar de um tratamento com informação de ainda difícil e restrito acesso, vide a pandemia da covid-19, quando poucos se curaram da doença com protocolos biológicos, ou seja, as células-tronco.

Os tratamentos com células-tronco agem, em primeiro lugar, justamente na disposição do paciente: ele passa a ter o sono dos justos, como quando era criança; sua disposição muda da água para o vinho; sua musculatura se regenera, se tornando e se sentindo muito mais jovem; a pele ganha viço; o brilho da mocidade volta a dar as caras, bem como o cabelo, os movimentos, o bom humor e, inclusive, a libido.

Absolutamente tudo melhora!

É claro que há tratamentos paralelos que colaboram ainda mais com esse procedimento, que são: a soroterapia com vitaminas, minerais e antioxidantes e o uso de CBD, o canabidiol, na hora de cuidar da saúde, prevenir doenças e o envelhecimento. Tudo que é positivo é válido.

As células-tronco regeneram você a partir de suas próprias células e seguem para toda a extensão do seu corpo, muitas vezes, em locais em que você nem sabia que precisava, considerando que essas células possuem inteligência para seguirem para onde elas são mais necessárias, que é justamente onde há inflamações. Então, um processo de regeneração e cura começa!

Os tratamentos com células-tronco duram seis meses, o paciente começa a sentir os resultados em cerca de duas semanas a partir do sono e, gradativamente, com a melhora da pele e da musculatura, da concentração, disposição e humor. Com o tempo, as dores vão diminuindo até desaparecem completamente.

No período de seis meses, o paciente se sente totalmente renovado, como uma nova pessoa, o que o motiva a continuar nesse processo de cuidar da saúde de modo preventivo e regenerativo para todo o sempre.

Esqueça-se do uso de remédios e paliativos, cuide-se a partir da qualidade das suas células, dos seus tecidos e órgãos, se regenerando por completo.

A disposição de acordar todos os dias de manhã se sentindo jovem, o mais pleno possível e cheio de vitalidade não tem preço, é a melhor sensação do mundo, já que dia após dia é assim que a vida se faz. Não adianta você estar bem de vez em quando ou em algum momento especial, a vida é para ser boa sempre, e as células-tronco estão aí para ajudar você a viver no seu potencial máximo.

Quem já passou por esse tratamento, mesmo que apenas de modo preventivo, ainda assim se sentiu renovado e rejuvenescido; é uma sensação que vem do corpo e reflete na alma. A juventude e a saúde nos mudam de dentro para fora.

É uma transformação que muda todo o sentido de uma vida, e aqueles que já não viam sentido em viver finalmente se sentem vivos outra vez!

As Partículas Divinas, as células-tronco, existem e estão aí para mudar a forma como você se cuida, se trata e compreende a medicina.

"Os ideais que iluminaram o meu caminho são a bondade, a beleza e a verdade."

Albert Einstein

Esclerose Lateral Amiotrófica (ELA) e as células-tronco

Você já imaginou qual é a pior doença que existe?

Sabemos que a maioria das pessoas temem o câncer, tanto que muitas nem citam seu nome, apenas mencionam a letra “C”, como uma palavra proibida.

Mas será que o câncer é a pior doença que existe?

A grande verdade é que a pior doença sempre será aquela que acomete a pessoa que está sofrendo com ela.

Como médico, conheço inúmeras doenças e trato vários pacientes com diferentes males. Acompanho seus quadros, sintomas, dificuldades e processos de recuperação e cura.

A ELA é uma doença pouco conhecida e cruel. Ela se caracteriza pela degeneração das células nervosas que respondem pelo controle dos movimentos musculares. Quando isso ocorre, o cérebro, a medula espinhal e os músculos não conseguem mais se comunicar.

A idade é o fator mais importante para se diagnosticar ELA, pois é mais comum entre pacientes de cinquenta e cinco a setenta e cinco anos, mas também acomete alguns que estão no auge de sua juventude.

O paciente mais famoso e conhecido de ELA foi o renomado físico Stephen Hawking, considerado um milagre, já que viveu décadas com a doença.

A ELA atinge duas em cada cem mil pessoas no mundo, sendo considerada rara. O modo como afeta e progride varia de pessoa para pessoa. Cerca de 20% dos portadores vivem em torno de cinco anos ou mais, e até 10% vivem mais de dez anos. Possui diagnóstico difícil, pelo baixo número de casos e falta de conhecimento sobre a doença.

Essa esclerose costuma dar os primeiros sinais através de fraqueza muscular, geralmente localizada em um dos lados do corpo ou em uma parte dele, como a mão. Aparece dificuldade para engolir e respirar, e pode ser caracterizada como uma atrofia, ou seja, como um músculo que não consegue mais ser movimentado.

Em pouco tempo, o paciente deixa de ter movimentos, até atingir o corpo todo. A crueldade é que o paciente se torna um prisioneiro de seu próprio corpo, pois fica imóvel, com a mente saudável e ativa.

Alguns filmes, como "A Teoria de Tudo" e "Escafandro e a Borboleta", narram sobre pessoas reais que conviveram com essa doença.

No Brasil, organizações, como a Associação Brasileira de Esclerose Lateral Amiotrófica (Abrela), trazem apoio aos pacientes. Muitos não têm poder aquisitivo para adquirir uma cadeira de rodas ou equipamento para se comunicar através do movimento dos olhos. Os pacientes precisam de cuidados especiais, já que no auge da degeneração perdem seus movimentos, inclusive para piscar.

Pacientes de ELA têm baixa expectativa de vida e um processo degenerativo difícil, enquanto a mente continua trabalhando ativamente.

E por que você deveria saber disso?

É possível que você não conheça ninguém que tenha essa esclerose, mas é importante se abrir para o fato de que vivemos num mundo em que muitas doenças acometem milhares de pessoas ao redor do planeta que sofrem sem esperança de cura ou de alívio de seus sintomas.

Toda doença é cruel para aquele que sofre dela. Lembre-se da frase: "pimenta nos olhos dos outros não dói".

Como médico, eu jurei aliviar a vida das pessoas e tenho seguido no meu propósito de cumprir meu juramento, aprimorando o meu conhecimento sempre.

Trabalhar com células-tronco e com os protocolos criados por mim, a partir desse material biológico, tem me permitido a cura de pacientes e doenças que foram desenganados por outros médicos e pelas perspectivas de seus quadros clínicos.

Porém, já testemunhei pacientes regredirem do mal de Alzheimer, do autismo e da ELA, bem como órgãos condenados, como o coração, se regenerarem, assim como outras partes do corpo.

A ELA é apenas um exemplo das tantas doenças que assolam a vida de pessoas que esperam a morte sem qualquer esperança.

Como médico especialista da medicina regenerativa, pioneiro em células-tronco no Brasil e criador de vários protocolos desse material biológico, tenho como missão informar que as células-tronco melhoram a qualidade de vida das pessoas, doentes ou não, em função de cura ou de prevenção, com tratamentos efetivos que vão criar a maior disrupção na história da medicina.

Se abra para esse novo conhecimento, esteja ciente, informe as pessoas ao seu redor. Essa informação pode não servir para você agora, mas em algum momento da sua vida irá servir, bem como para as pessoas que você ama e que algum dia poderão precisar.

Até lá, você pode usar desse conhecimento para se prevenir e ter qualidade de vida.

“O mestre disse:
‘quem se modera
raramente se
perde’.”

Confúcio

Quer melhorar a sua sexualidade?

Se tem algo que traz sentido à vida é o prazer que sentimos enquanto vivemos. Viver bem é o que todo mundo quer!

Entre todos os problemas e dificuldades que enfrentamos diariamente durante uma vida inteira, são os pequenos momentos de prazer que nos motivam a seguir em frente, principalmente quando as coisas não vão bem.

Pense num dia ruim: você acordou cedo, cansado, após uma noite mal dormida, enfrentou o trânsito para ir ao trabalho, teve uma discussão com o chefe ou com um parceiro profissional, almoçou algo que não lhe caiu bem, recebeu uma notícia ruim pelo *WhatsApp* e nem conseguiu concluir as tarefas do dia. No fim da tarde, você está cansado, desanimado e refletindo sobre como a sua vida pode ser assim.

Como se salva um dia desses?

Imagine que, depois disso, a pessoa que você gosta lhe convida para um jantar. Então, você corre para sua casa e tem a chance de tomar um banho e sair para um restaurante incrível, comer e beber bem, bater um papo agradável e terminar a noite nos braços de quem você mais deseja.

Tudo parece lindo, não é mesmo?

Porém, com todo o estresse que você teve e a falta de prioridade que tem dado à sua saúde, você não consegue aproveitar o potencial de sua própria sexualidade. O que poderia ter sido o final feliz de um dia negativo acaba ficando pior ainda, porque você teve a chance dos sonhos e não conseguiu vivenciá-la.

Como resolver isso?

Pior, como não voltar para casa se sentindo o pior dos mortais e se culpando ainda mais?

A vida é para ser vivida, senhoras e senhores, e vivida em abundância.

Tudo começa pela gente! Se a sua vida está similar ao exemplo que citei, saiba que nada muda se você não mudar, se não tomar atitudes que lhe tiram desse lugar, desse ciclo negativo.

O trabalho e o trânsito ruim podem fazer parte do seu dia a dia, até que você crie uma oportunidade ou fase melhor, assim como a alimentação de um dia corrido. Podem haver exceções, mas existem hábitos que devem fazer parte de uma vida inteira: dormir bem, se exercitar, se alimentar de forma saudável, prevenir o envelhecimento através da medicina regenerativa, que é algo que você deve considerar fortemente em ter como um hábito para toda a vida, e assim se sentir disposto, cheio de vida, saúde e ter uma vida sexual ativa, saudável e feliz.

Não viva no modo automático de uma vida agitada, apenas cumprindo tarefas. Você pode e deve cumprir suas obrigações, mas se colocar em primeiro lugar e ter foco em si mesmo significa se priorizar, ter amor-próprio e verdadeira autoestima.

A medicina regenerativa e os tratamentos com células-tronco auxiliam o seu processo de antienvelhecimento, regeneração e cura, caso tenha algum problema de saúde, mas o principal é que as Partículas Divinas regeneram seu corpo a partir de suas próprias células e tecidos, com material biológico, sem qualquer sintoma ou contraindicação. Suas células se regeneram, fazendo com que se sinta jovem, cheio de energia, com vontade de se movimentar e viver a vida como nunca.

Os protocolos criados por mim a partir do uso de células-tronco podem renovar a sua vitalidade de um modo geral, bem como melhorar a sua sexualidade e vontade de viver. Com os protocolos de regeneração íntima, você transforma o seu potencial. Permitir-se se sentir jovem outra vez fará com que você jamais perca a oportunidade de estar bem com quem você ama, de passar uma noite ao lado de quem você gosta e viver esse momento, dando outra vez sentido à sua vida.

Meus pacientes que têm se regenerado através das células-tronco contam o quanto tiveram suas vidas transformadas. Inicialmente, através de uma melhora muito significativa do sono, o que lhes fez acordar de forma diferente pela manhã, sempre dispostos e cheios de vida, como se tivessem passado a melhor noite de todas. Depois, por uma melhora da musculatura e vontade de se movimentar, os fazendo sentirem-se jovens e cheios de energia, o que afeta todo o resto, pois eles passam a se sentir tão motivados, que, automaticamente, passam a viver e se cuidar mais, porque querem caminhar, correr, conversar, rir, passear; tudo muda. Eles se sentem vivos outra vez, em qualquer idade!

Fica o convite para que você se abra para essa nova possibilidade da maior disrupção em termos de saúde que estamos vivenciando nesse planeta!

“Tente mover
o mundo – o
primeiro passo
será mover
a si mesmo.”

Platão

Artrose de joelho e as células-tronco

Se você é uma pessoa jovem, cheia de saúde e tem a sorte de praticar seus esportes e movimentos sem dor alguma, saiba que você deve erguer as mãos para o céu. E, se cuidar direitinho, pode se manter assim por muito tempo. Porém, o tempo e o envelhecimento podem trazer surpresas que não são tão agradáveis. Por mais que a gente cuide da própria saúde, imprevistos ao longo do caminho podem acontecer e acabar com o nosso bem-estar.

A artrose é um desses percalços que ocorrem na vida de muitos, especialmente a artrose de joelhos.

A artrose de joelho é uma doença que ocorre devido ao desgaste da cartilagem e inflamação da articulação. Os sintomas são dor e inchaço que só aumentam com o esforço físico, impedindo que o paciente se movimente com naturalidade ou pratique esportes.

Além disso, ocorre diminuição da mobilidade, o que ocasiona rigidez, sensação de estalos, barulhos, atrito, joelho saindo do lugar, diminuição da força e desalinhamento.

O joelho é a articulação do corpo mais afetada pela artrose, mas também pode ocorrer em outras áreas, como no quadril, coluna, mãos, tornozelos, pés e ombros.

No início, a dor pode acontecer apenas com atividades mais intensas, mas, com a progressão da doença e o tempo, o sofrimento passa a existir com atividades simples do dia a dia, e, mais tarde, até mesmo em repouso.

Imagine você parado e sentindo dor? É terrível!

É um quadro clínico cruel, pois a dor é constante e há uma perda gradativa de movimentos, liberdade, bem-estar e, consequentemente, o bom humor e o bom estado de espírito.

Pacientes com artrose no joelho vêm a sofrer períodos de grande piora, com crises espontâneas, aumento súbito da inflamação, sobrecarga mecânica por aumento de esforços, pequenos traumas, contusões, maus jeitos, desbalanço muscular por inativação ou contratura da musculatura e novas lesões da articulação.

Sempre que o padrão habitual dos sintomas muda, é preciso buscar ajuda médica, para entender a causa e propor o melhor tratamento.

A artrose do joelho não tem cura, uma vez que, teoricamente, o desgaste da cartilagem não é reversível.

Atuando na medicina regenerativa e com os protocolos de células-tronco criados por mim, tenho visto muitos quadros se reverterem no que diz respeito à artrose de joelhos, a partir da minha técnica de sanduíche.

Fazemos uma reposição local com células-tronco onde falta a cartilagem e a aplicação endovenosa, que permite que a inteligência das células as leve aonde elas precisam ir em cada organismo de cada paciente.

As células-tronco seguem de modo local e sistêmico para onde aquele corpo mais necessita e se transforma no tecido no qual se acopla. Ou seja, a aplicação feita no joelho irá repor aquele local com a cartilagem necessária para sua regeneração.

O resultado da aplicação local é percebido em poucas semanas, com o alívio da dor e do inchaço, o sumiço dos estalos, o aumento da força e equilíbrio. Com o passar do tempo, a atividade das células-tronco no organismo do paciente como um todo permite que seu sono atinja o ápice de sua qualidade, melhorando o humor e o descanso, a renovação diária que se mostra necessária.

A musculatura, a pele, o cabelo, a vitalidade e a juventude de todo o corpo melhoram. Há um processo regenerativo generalizado que transforma aquela pessoa que estava debilitada e cheia de dor em alguém renovado, cheio de vida e alegria, não apenas porque eliminou o sofrimento, mas porque esta se percebe mais jovem e cheia de disposição.

Todo o processo leva seis meses, mas os efeitos podem ser sentidos desde o início e vão apenas aumentando gradativamente até o paciente se ver sem dor e praticando seus esportes e movimentos todos outra vez.

É um processo de libertação, regeneração e rejuvenescimento acontecendo ao mesmo tempo.

Os movimentos voltam, a alegria volta, assim como a disposição e o bem-estar. A vida muda, porque os benefícios acabam afetando as outras áreas da vida: a pessoa se sente renovada para se relacionar outra vez, se encontrar com amigos, fazer novas atividades, passeios e viagens, e isso a transforma como um todo.

A vida é para ser vivida, e vivida com abundância e não com dor.

As células-tronco estão aí para isso desde que nascemos, e hoje em pequenos frascos que transformam o nosso corpo, vitalidade e vida.

"Há sempre alguma loucura no amor. Mas há sempre um pouco de razão na loucura."

Friedrich Nietzsche

Fibromialgia e as células-tronco

Fibromialgia!

Você já deve ter ouvido este nome.

A fibromialgia é uma doença reumatológica que afeta a musculatura causando vários tipos de dor e tornando a vida do paciente algo insustentável ao longo do tempo.

Trata-se de uma síndrome, e a dor fica associada a outros sintomas, como: fadiga, problemas do sono, distúrbios intestinais, depressão e ansiedade. Ocorre em 2% da população mundial e é mais comum em pessoas do sexo feminino.

Esse problema é tão grave, que já ouvi de pacientes que eu fui seu último recurso antes de uma tentativa de suicídio.

Acredite! Viver com dores constantes que só aumentam e sem perspectiva de cura acaba com a vontade de viver de qualquer ser humano.

Eu me sinto absolutamente feliz e realizado, como especialista em medicina regenerativa, em ser a ferramenta, o último recurso, que irá salvar a vida dessas pessoas.

A fibromialgia é complexa porque não tem causas e mecanismos totalmente conhecidos. O que se sabe é que o paciente que tem a síndrome possui maior sensibilidade à dor, e isso está relacionado com o centro de dor no sistema nervoso. Dessa maneira, nervos, medula e cérebro fazem com que qualquer estímulo doloroso seja mais intenso. Ou seja: o paciente sofre!

Os sintomas são diversos e, para cada paciente, ocorre de uma maneira: uma dor o acomete por mais de três meses em toda ou qualquer parte do corpo, ocorre a presença de pontos dolorosos na musculatura, insônia, cansaço, depressão, ansiedade, problemas no intestino e alterações cognitivas, como falta de memória ou concentração.

Os principais pontos de dor são: cervical, tórax, abdômen, dorso, lombar, mandíbulas, ombros, braços, antebraços, quadril, coxas e pernas, todos podendo variar entre lado esquerdo, direito ou ambos. São dores irregulares que variam de local, intensidade e horário, mas se repetem cada dia mais e com mais intensidade, somente aumentando os pontos em que ocorrem.

A dor é difusa pelo corpo, mas há casos em que é mais localizada. Geralmente, a pessoa tem dificuldade de lembrar quando e como começou a dor, já que ela começa de forma leve, e o paciente acredita que poderá ser passageira. Porém, a intensidade da dor vai aumentando com o passar do tempo. Pacientes relatam que a dor é mais intensa no final do dia, mas pode ocorrer dor pela manhã. Essa dor é tão profunda, que muitos se referem a ela como "dor nos ossos".

É uma tristeza sem fim!

As pessoas com fibromialgia passam por tanto sofrimento que têm maior sensibilidade ao toque, sendo que muitos não toleram mais nem mesmo serem abraçados.

Isso afeta toda a vida do paciente, ele vai deixando de querer viver.

Tenho o caso de uma paciente, uma senhora, que já havia desistido da vida quando me encontrou. Felizmente, suas dores passaram a desaparecer por completo em três meses, desde que iniciamos seu protocolo com células-tronco, e, quando se completou seis meses, ela já estava totalmente curada.

Após oito anos de fibromialgia e nenhuma perspectiva de cura, minha paciente já havia se decidido tirar a própria vida, mas, graças ao tratamento biológico com células-tronco, ela nunca mais pensou sobre isso, e até mesmo a sua espiritualidade, que antes não existia, nasceu em sua alma, tamanha gratidão que sentiu.

Esse é o meu trabalho, essa é a minha vida! Regenero pessoas, recupero seus corpos e sua saúde. E, quando sou testemunha da vida voltando em seu corpo e em sua alma, eu me sinto absolutamente grato pelo meu caminho de vida que me trouxe até aqui.

Na medicina tradicional, o tratamento para fibromialgia tem que ser multidisciplinar, incluindo medicamentos, atividade física, acompanhamento psicológico e massagens – além de antidepressivos e ansiolíticos, após a avaliação psiquiátrica e do padrão do sono –, porque é uma doença que envolve muito sofrimento psicológico e emocional.

A vida do paciente fica afetada negativamente em todos os seus níveis.

A pior informação da medicina tradicional sobre fibromialgia é que ela não tem cura. Teoricamente, a fibromialgia não leva à morte, mas leva muitos pacientes ao pensamento suicida, e alguns à conclusão de fato.

Estamos falando de uma doença grave, levando em consideração o que ela faz com o psicológico do paciente. Sozinha ela não mata o corpo, mas mata lentamente a alma do indivíduo, elimina sua vontade de viver e, posteriormente, o leva à vontade de tirar sua vida.

O tratamento com células-tronco reverte totalmente esse quadro. Restaura a saúde, com aplicação endovenosa, sistêmica e local, quando necessário. O paciente se vê finalmente dormindo bem outra vez e acordando com disposição. O apetite, a musculatura, a pele, o cabelo, a disposição, a alegria e o bom humor melhoram. Tudo melhora, mas o melhor para esse paciente é que ele percebe as dores indo embora gradativamente. É o processo contrário da fibromialgia até a cura!

Testemunhar meus pacientes sendo curados é uma das maiores satisfações que tenho hoje na vida, pois é como assistir pessoas adultas renascendo, e assim eu também renasço a cada testemunho, a cada regeneração.

Meus pacientes se sentem gratos, e eu mais ainda!

“Tenho em mim todos os sonhos do mundo.”

Fernando Pessoa

Artrose de quadril e as células-tronco

Você já ouviu falar sobre artrose de quadril?

Se sim, vai gostar do que venho escrever neste artigo. Se não, aproveite sua sorte e continue cuidando do seu corpo cada vez mais. De qualquer maneira, esse texto também serve para você, uma vez que todos caminhamos na mesma direção e teremos que enfrentar as consequências naturais do envelhecimento em algum momento. Por isso, esse tema pode um dia ser relevante para a sua vida. Ao menos nesse momento, como prevenção e informação. Das boas!

A artrose no quadril é consequência do desgaste da articulação que trata da conexão do fêmur com a parte da bacia que se liga a ele, e que é a maior do nosso corpo. Essa articulação sofre com o desgaste das cartilagens que revestem essas duas estruturas ósseas, provocando dor e limitando significativamente a vida dos pacientes.

Pense no seu corpo e em qualquer movimento que você faz no dia a dia: o quanto você movimenta o seu quadril? Percebe que tudo que você faz, você usa o quadril. Por isso a importância de cuidar dessa área do seu corpo. É essencial!

Quando essa artrose chega, a dor é o principal sintoma e costuma ocorrer na região da virilha e na frente do quadril, se tornando pior ao andar, ficar sentado por muito tempo ou deitar sobre o lado dolorido. Além disso, as dores podem surgir na região da coxa, na lateral da bacia e/ou nas nádegas e irradiar para a coluna lombar. É um sofrimento terrível!

Nas fases mais avançadas, pode ocorrer diminuição dos movimentos, dificuldade de cruzar a perna, calçar os sapatos e até entrar ou sair do carro. Em casos mais graves, há o encurtamento de uma das pernas.

A principal causa dessa artrose é o próprio envelhecimento, e por isso é normal afetar pessoas com mais de quarenta e cinco anos. Outros fatores são: obesidade; exercícios físicos intensos e/ou em excesso, especialmente os que envolvem movimento rotacional do quadril, como futebol e tênis; genética; doenças reumatológicas; e traumatismos de acidentes.

E como se livrar desse pesadelo?

Existem duas formas de se tratar a artrose de quadril: uma por meio de exercícios de fisioterapia para fortalecimento da musculatura, e controle da dor com uso de analgésicos e anti-inflamatórios; e a outra por cirurgia.

Quando o primeiro tratamento não funciona, tenta-se a cirurgia para a colocação de uma prótese de quadril. Mas quem é que deseja fazer uma cirurgia e colocação de prótese?

Aí eu entro com a medicina regenerativa e meus protocolos de células-tronco, especialmente através da minha técnica de sanduíche, em que aplico as células-tronco de forma local e endovenosa, permitindo que a própria inteligência das células faça o seu trabalho.

De modo local, as células-tronco irão repor a cartilagem necessária, e, de modo sistêmico, as células irão tratar aquele corpo como um todo. O resultado é o melhor possível!

A artrose passa a ser curada gradativamente por regeneração, e o organismo é regenerado onde ele mais precisa, mesmo que o paciente nem saiba onde são esses locais, pois ficamos à mercê de uma inteligência própria das células-tronco, que simplesmente agem e fazem o seu trabalho.

O paciente melhora em todos os aspectos da sua vida porque ele passa a ter o sono dos justos, acorda disposto, se sentindo jovem e enérgico outra vez. Sua musculatura, seu cabelo, sua pele e seu humor melhoram, as dores vão embora, e apenas o bem-estar fica.

Imagine um processo gradativo em que com o tempo tudo melhora, e tudo que é ruim desaparece... É exatamente assim que os tratamentos com células-tronco funcionam!

Meus pacientes com artrose de quadril costumam chegar em meu consultório absolutamente desanimados e desesperançosos, porque, quando chegam a mim, já passaram por todo tipo de tratamento: remédios, fisioterapia, exercício, até a recomendação de cirurgia e indicações radicais vindas de outros especialistas, como se a única solução pudesse ser uma cirurgia e uma prótese.

Porém, no caminho das células-tronco, nada disso é necessário. O tratamento ocorre dentro de um bem-estar incrível, sem sintomas, efeitos colaterais ou qualquer receio, já que não há cirurgia e nem remédios.

Não há medo algum nos tratamentos com células-tronco! Não há motivo para isso! Os protocolos criados por mim acontecem de forma leve e sem restrição!

O que ocorre com o passar do tempo são apenas boas notícias: o paciente percebe que a dor começa a ir embora de forma gradativa, seus movimentos começam a voltar e sem dor, sua mobilidade retorna, e o deixa extremamente feliz. Com tudo isso, o paciente se sente mais disposto e renovado porque todo o seu organismo rejuvenesce, e ele se sente bem, esperançoso, cheio de vida.

"Todo mundo
é capaz de
dominar uma
dor, exceto
quem a sente."

William Shakespeare

Retonificação peniana

Você encontrou o amor da sua vida. Sentiu atração física e a "química" de imediato e teve a oportunidade de criar uma conexão mental e espiritual com a mulher dos seus sonhos. Após alguns encontros, conversas e frios no estômago, vocês finalmente se sentem prontos para se entregar fisicamente.

Esse é o caminho de um amor maduro, consciente e completo. Porém, se você já tem quarenta anos ou mais, pode ser que sofra, psicologicamente falando, com a sua *performance* sexual que já não é mais a mesma de quando tinha lá seus vinte anos de idade, mas não se apavore!

Primeiro, saiba que isso é muito mais comum do que se pensa e faz parte da vida da maioria dos homens que já passaram do auge de sua juventude.

Segundo uma pesquisa da Sociedade Brasileira de Urologia, cerca de 50% dos homens acima de quarenta anos apresentam algum grau de impotência sexual. Estudos norte-americanos demonstram problemas com disfunção erétil pelo menos leve em torno de 40% dos homens aos quarenta anos de idade, e de quase 70% aos setenta. No caso de uma disfunção grave, as proporções são ao redor de 20% e 50%, respectivamente. Os números são similares no mundo inteiro, o que comprova que o problema é mais frequente do que se imagina.

Existem três principais tipos de disfunção erétil, que são:

1. A orgânica, que costuma acontecer a partir dos quarenta anos, envolvendo uma causa física, como problema cardiovascular, metabólico, neurológico e/ou hormonal, excesso de peso, retirada da próstata, uso de determinados medicamentos ou excesso de substâncias como álcool, cigarro ou drogas;
2. A outra causa é chamada de psicogênica, quando não há problema físico que justifique a dificuldade, o que é mais frequente em jovens. Os principais fatores nesse tipo de disfunção erétil são a ansiedade, o nervosismo e o medo de falhar;
3. Mista, quando a dificuldade envolve tanto algum fator físico quanto psicológico.

Os tratamentos comuns oferecidos pela medicina tradicional são: o famoso Viagra; tratamento hormonal; injeções penianas, antes da relação sexual, o que costuma causar mais constrangimento ainda ao paciente; bombas de vácuo; implantes; além de terapia, mudança do estilo de vida e diminuição do peso, em casos específicos.

Muitas são as causas desse problema, mas devemos considerar que a perda de uma ereção potente é comum e natural para quem tem o privilégio de envelhecer.

Todos os tratamentos disponíveis na medicina tradicional são tentativas que podem funcionar em longo prazo, mas algumas acabam causando um constrangimento ainda maior para o homem, como a bomba a vácuo, injeção, implante ou o próprio Viagra. Sua impotência fica clara, e isso tira a sensação de virilidade desse homem.

Como especialista em medicina regenerativa e criador dos protocolos com células-tronco, tenho a maior alegria em apresentar aos pacientes que chegam ao meu consultório o protocolo chamado "retonificação peniana", que trata de uma aplicação local de células-tronco no pênis do paciente, com anestesia. Essa técnica pode também ser feita pela técnica de sanduíche, que acrescenta aplicação endovenosa de células-tronco e que promoverá uma regeneração completa do corpo do paciente.

As células-tronco agem localmente no pênis, revitalizando e regenerando todo o corpo cavernoso e sua circulação e, por consequência, restaurando sua ereção no nível máximo, além do resultado sistêmico das células-tronco naquele indivíduo por completo.

O paciente passa a dormir melhor, rejuvenesce e revigora sua musculatura, pele, cabelo, movimentos, cognição, humor, disposição e vontade de viver.

Tudo melhora!

A retonificação peniana, diferentemente dos tratamentos tradicionais, é feita uma única vez em consultório, com resultado imediato e que pode durar muitos anos, a partir de material biológico. Ou seja: não tem contraindicação e nenhum efeito colateral. O paciente volta a se sentir viril e na sua melhor *performance* sexual, sua autoestima muda, seu brilho volta, e ele se vê aproveitando a vida ao máximo outra vez.

Não deixe de ser feliz e viver o amor! Permita qualidade de vida aos seus dias, independentemente da idade que você tenha.

A vida é para ser vivida em abundância, e dessa forma o amor faz parte da vida!

“A beleza é a única coisa preciosa na vida. É difícil encontrá-la, mas quem consegue descobre tudo.”

Charles Chaplin

Células-tronco na regeneração da força, do brilho e do volume dos cabelos

Se o sorriso é considerado o nosso cartão de visita, o que dizer do cabelo? Ele é a própria moldura de nossos olhos, nariz, boca e do sorriso, da face como um todo, além do colo e pescoço. Não à toa, tanto homens quanto mulheres investem tempo e dinheiro nos melhores produtos, tratamentos e cabeleireiros. Um cabelo cheio, comprido e com brilho costuma ser preferência entre a maioria.

Imagine uma mulher linda e bem-vestida com um cabelo feio, maltratado e preso de qualquer jeito. Esta imagem provavelmente apareceu em sua mente como algo incoerente. Uma mulher com autoestima elevada jamais deixaria seu cabelo de lado, pois a aparência dos fios interfere automaticamente na roupa em que ela está vestindo, na maquiagem que ela fez, bem como em seus brincos e colar. Uma mulher bonita e bem cuidada certamente está com o cabelo em dia, senão, impecável.

Agora, pense em um homem elegante, de terno e gravata e com cabelos cheios. Também é tudo de bom. Você foi capaz de imaginar?

Como você descreveria o flerte entre um homem e uma mulher bem cuidados? Ambos usam o cabelo como recurso para chamar a atenção um do outro, passando a mão entre os fios, de vez em quando. Ou ainda os jogando ao vento, quando a situação lhes permite.

Por mais que o cabelo não tenha uma função essencial como um de nossos órgãos, nossos fios representam muito de nossa aparência e da imagem que passamos ao mundo. Por consequência, isso interfere em nossa autoestima e no sucesso que podemos obter em nossa vida pessoal e profissional. Quantos homens e mulheres se rendem ao charme de uma pessoa com um cabelo deslumbrante? Muitos de nós!

E qual a melhor forma de cuidar de parte tão importante de nosso corpo? Células-tronco! Sim, isso mesmo! Além de vitaminas, suplementos e antioxidantes paralelamente e sempre.

Os tratamentos com protocolos biológicos interferem imediatamente na saúde dos seus fios, isso porque as células-tronco atuam de dentro para fora, na qualidade de todas as suas células. O tratamento endovenoso irá melhorar a sua saúde por completo, começando pelo sono, depois passando pela pele, cabelo, musculatura, órgãos, disposição, vitalidade, viço e tudo mais. Os resultados são percebidos em pouco tempo, e tudo ocorre de forma indolor e sem qualquer efeito colateral.

Além do tratamento generalizado que reverbera em todo o seu corpo e saúde, eu também criei o protocolo local, que permite a aplicação de células-tronco direto no couro cabeludo, aumentando a força dos fios na raiz, fortalecendo os fios que já existem e proporcionando o crescimento de novos fios. O rejuvenescimento dessa área é incrível, pois o cabelo volta a ficar cheio da mesma forma de quando você era um adolescente, cheio de vida e hormônios à flor da pele.

Os tratamentos com células-tronco não têm contraindicação, trazem resultados rápidos e nos rejuvenescem por completo, promovendo não apenas saúde, mas beleza, disposição e vontade de viver porque todas as suas funções se renovam e fazem com que você sinta uma melhora significativa na sua qualidade de vida.

A grande verdade é que, ainda que o seu foco no momento atual seja a aparência do seu cabelo, o tratamento com células-tronco irá lhe proporcionar muito mais, pois estamos falando de medicina regenerativa, do cuidado que renova e rejuvenesce suas células, revigorando quem você é por dentro e com resultados que afetam positivamente todo o seu corpo.

Quando atuamos na qualidade de nossas células, melhoramos todas as nossas funções, e o bem-estar é tão surpreendente que afeta a mente, o estado emocional e físico, tudo muda, tudo se transforma em algo novo e melhor. É como voltar no tempo e se sentir jovem mais uma vez.

Tem problemas de autoestima por causa da aparência do seu cabelo ou pela falta dele? Não invista mais tempo e dinheiro em produtos ou tratamentos que pouco dão resultados, venha conhecer os protocolos biológicos que irão renovar você de todas as formas – tantas que você precisará de tempo para assimilar tamanha melhora em sua vida.

Tenha o prazer de se olhar no espelho outra vez e enxergar sua aparência de forma positiva e satisfatória! Conquiste sua autoestima e quem ou o que você quiser através de uma nova versão sua!

"Se quer ser amado, ame."

Sêneca

Células-tronco e a terapia funcional anti-aging

Não há nada que alimente mais a autoestima de uma mulher do que se olhar no espelho e se sentir feliz e satisfeita com o que vê. O mesmo acontece com muitos homens nos dias atuais.

Numa sociedade e num mundo digital com tantos filtros, *Photoshop*, iluminação, maquiagens e aplicativos de imagens, a mulher que se sente plena com a própria aparência, mesmo estando de cara lavada, é no mínimo uma pessoa privilegiada.

Mas como se consegue esse feito? E quem não deseja realizar plásticas ou procedimentos estéticos invasivos, qual o caminho?

O nível de exigência por uma beleza padrão pouco mudou no mundo em que vivemos. Sabemos que uma boa aparência abre portas. E vice-versa, mas, antes de tudo, o bem-estar com si mesmo é o que mais importa. Em qualquer fase da vida.

A beleza não é apenas simples aparência, mas um termômetro da saúde dos pacientes. Quem está belo e se sente pleno, antes de tudo, está com a saúde física, mental e emocional em dia. O contrário também é verdadeiro. Somos a soma de todas as áreas da vida, e elas se interligam – quando uma vai bem, é natural que as outras também sigam pelo mesmo caminho, e quando uma dessas áreas não está sendo bem atendida também começa a afetar as demais de forma negativa.

Como médico, eu preciso estar atento a todos os pilares da vida do meu paciente: seu estado físico, mental e emocional. Não o avalio apenas por fora, mas por dentro, para que a consulta não seja superficial e sem o resultado esperado lá na frente.

Alguns pacientes chegam ao meu consultório parecendo mais velhos do que realmente são porque estão cansados, sem vida e alegria. O cansaço vem do mesmo mundo cheio de filtros e exigências sobre a aparência de nós mesmos.

Como lidar com esse desânimo?

De dentro para fora.

Melhoramos seu estado de saúde por meio de vitaminas, antioxidantes, células-tronco, melhorando seu sono, apetite, musculatura, alegria, disposição e vontade de viver, o que irá, automaticamente, com os efeitos desses elementos, melhorar todo o exterior: a pele melhora, sua tonicidade, cabelo, músculos, viço, disposição sexual, energia e tudo mais.

Não importa em que idade se esteja, pois a beleza está presente em todas as fases da vida. Ela pode mudar de tom, mas continua lá, desde que se cuide dela.

A terapia funcional *anti-aging* previne e retarda os sinais do envelhecimento, fazendo com que a idade do paciente seja apenas um número, e nada mais com que se preocupar ou se envergonhar.

Através dessa terapia, a alimentação do paciente será avaliada, assim como sua qualidade de vida, seu sono, seus hábitos, seus movimentos. Ele se movimenta? Como pode se movimentar mais? Como pode melhorar? Que substâncias estão faltando em seu corpo que podem ser repostas?

Tudo isso é analisado milimetricamente e levado em consideração, sendo um tratamento sob medida, exclusivo para cada pessoa que chega.

A partir dos vinte e cinco anos, todos nós começamos a perder a vivacidade da pele, porque ela perde elastina, ácido hialurônico e colágeno.

Então, o tratamento é baseado em uso de cápsulas, sachês e vários produtos, como suplementos, cremes e outros, que retardam o processo natural da vida.

Todos os meus pacientes são instruídos e inspirados a um novo estilo de vida, para que não façam seu tratamento de forma única e momentânea, mas para sempre, inserindo em seu dia a dia os novos hábitos que lhes irão proporcionar não apenas qualidade de vida, mas alegria, vontade de viver e a certeza de que eles viverão no seu máximo potencial.

Isso inclui a eliminação de tudo aquilo que faz mal: excesso de bebidas, cigarros, drogas, alimentos ruins, sedentarismo, preguiça, procrastinação, insônia e todo excesso ou hábito prejudicial que faz com que o ser humano se trate mal, mesmo que de forma automática e inconsciente. A medicina regenerativa trabalha tudo isso, para que ninguém se perca no caminho da vida, de tudo aquilo que deve ser: o melhor.

Exercícios físicos são fundamentais. São o melhor antidepressivo, estimuladores da alegria, redutores do estresse e fontes de juventude. Excelentes aliados de qualquer tratamento médico ou psicológico, não há dúvidas!

Os produtos da terapia funcional *anti-aging* possuem ativos antioxidantes que atuam nos radicais livres, responsáveis pela formação de rugas, que também produzem ressecamento e perda da elasticidade e descoloração, neutralizando sua quantidade e reparando os prejuízos causados por elas.

Os ativos antioxidantes *anti-aging* mais recomendados e que devem ser utilizados todos os dias são: o NMN, NADH, o resveratrol, CO Q 10 e ômega 3 (1.000 mg), magnésio quelado e glycoxil. Além do licopeno e betacaroteno, flavonoides, retinol (vitamina A), ácido ascórbico (vitamina C), tocoferóis (vitamina E), selênio, peptídeos, ceramidas, ácidos alfa-hidroxi, dentre outros. Eles atuam na remoção de células mortas e na regeneração da pele, reduzem linhas de expressão, manchas e cicatrizes, e estimulam a produção de colágeno e elastina. Todos esses ingredientes ativos prolongam a vida e melhoram a sua qualidade em todos os sentidos.

É o se sentir bem em qualquer momento da vida, feliz, com vitalidade e sem preocupação com doenças ou mal-estar.

A terapia funcional *anti-aging* não tem contraindicação, é indolor, não invasiva, fácil e de baixo investimento, se comparada a tratamentos estéticos e tantas cirurgias plásticas. É um caminho que pode ser iniciado desde cedo, como prevenção e quando for possível, no tempo e informação de cada um, pois previne e rejuvenesce.

Mas é fato: quanto antes melhor!

Faça as pazes com seu espelho!

"Não peca quem
peca por amor."

Oscar Wilde

Células-tronco na regeneração completa das estruturas da beleza

Se o assunto "beleza" é algo importante para você, é sinal de que os protocolos biológicos com células-tronco criados por mim dentro da medicina regenerativa são temas essenciais para seu conhecimento.

Geralmente, quem se ocupa desse assunto é porque trabalha com sua aparência de alguma forma, seja nas redes sociais, no dia a dia ou no simples motivo de querer se sentir bem. Cuidar da beleza pode não ser apenas uma questão profissional, mas de saúde e de puro amor-próprio.

Estar bem consigo mesma começa de dentro para fora, com a qualidade das suas células no seu potencial máximo, seja a partir de uma alimentação saudável, exercícios físicos, antioxidantes, complexos vitamínicos ou, de preferência, com tudo isso juntos.

Quem se ama se cuida sim! E esse cuidado não é paliativo, superficial ou de apenas uma parte, mas do todo. Somos seres complexos, compostos por corpo, mente e emoções. Quando cuidamos do corpo, o resultado que se obtém também afeta a mente e o emocional. E vice-versa.

Se cuidamos da mente, automaticamente vamos nos sentir mais dispostos para o exercício físico. E daí por diante. Tudo está interligado, e por isso a importância de se assumir hábitos saudáveis como o primeiro passo: boa alimentação, bom sono, hidratação, exercícios regulares, eliminação de vícios e, o quanto antes, suplementos alimentares e antioxidantes. Hábitos saudáveis transformam quem você é rumo a sua melhor *performance*!

Vivemos um momento da sociedade com inúmeros tratamentos de saúde, estéticos, preventivos e regenerativos. Por que não conhecer o melhor e mais tecnológico que existe?

Bem-vindo(a) às Partículas Divinas!

As células-tronco fazem parte de nosso próprio organismo, nascemos a partir de uma única célula, que é a junção de um óvulo e de um espermatozoide, quando somos concebidos. A partir dali, essa única célula se multiplica e dá origem a um ser humano, que, além de perfeito, carrega bilhões de células-tronco, que irão ser responsáveis pelo regeneramento daquele indivíduo todos os dias, o resto de sua vida.

Então, como usar essas células para a minha saúde? Para a minha beleza? Através dos protocolos biológicos com células-tronco. Trata-se de procedimentos simples, indolores, rápidos e sem absolutamente quaisquer efeitos colaterais ou contraindicação.

Há o processo endovenoso, em que o paciente recebe milhões de células-tronco na sua corrente sanguínea, que irão atuar em todo o seu organismo, começando pela qualidade de suas células, que serão regeneradas onde elas mais precisam: em todo processo inflamatório que existir, mesmo que o indivíduo nem tenha esse conhecimento.

Somado aos protocolos locais, em que o paciente pode receber essas células em todo o rosto, pescoço, colo e mãos, por exemplo, rejuvenescendo sua aparência significativamente em até um terço de sua idade. O mesmo pode acontecer em todo o corpo, como foi o caso de uma paciente que havia passado por uma cirurgia bariátrica. Após a eliminação de muito peso, ela ficou com flacidez indesejada. É claro que ela ficou insatisfeita com a nova aparência da sua pele, por mais que estivesse feliz com a perda de peso.

Então, tudo foi transformado. A paciente fez um tratamento completo e se sentiu rejuvenescida e linda outra vez. Ela sequer parece que passou por perda de peso, devido à nova qualidade de sua pele e musculatura para a sua idade.

As células-tronco transformam a idade cronológica e biológica, a rejuvenescendo, nos dando mais vida por dentro e por fora, uma vez que elas trazem mais disposição, energia, vivacidade e vontade de viver. Isso acontece porque tudo melhora de dentro para fora: o sono, a circulação, a musculatura, a pele, o cabelo, todos os órgãos e o que se puder imaginar.

Sem dor, sem cortes e sem efeitos indesejados.

Se olhar no espelho após os tratamentos com células-tronco é um dos melhores efeitos que se pode ter, pois os pacientes se sentem jovens, fortes, mais bonitos e muito mais dispostos. É como voltar à vida após ter se acostumado com a falta dela correndo nas veias: com alegria, saúde e beleza.

Viva o melhor de você mesmo, na sua melhor aparência e disposição, com satisfação de viver, com amor e viva como nunca viveu!

“Que ninguém
se engane, só
se consegue a
simplicidade
através de muito
trabalho.”

Clarice Lispector

Células-tronco no tratamento da diabetes

Você sofre de diabetes? Ou conhece alguém que passa por esse mal? Diabetes é uma doença grave, que aflige milhões de pessoas e que merece toda atenção e cuidado. Quem sofre dessa doença perde a qualidade de vida e gradativamente piora com os sintomas e complicações.

Só no Brasil, estima-se que aproximadamente trinta pessoas venham a óbito por diabetes a cada cem mil habitantes.

Afinal, o que é essa doença? E por que ela é tão perigosa?

Diabetes significa falta ou mau funcionamento da insulina, que pode ocorrer devido à origem genética, mas também por consequência de maus hábitos: alimentação inadequada, consumo excessivo de carboidratos e açúcar, além do sedentarismo.

O Brasil é o sexto país com maior incidência de diabetes no mundo e o primeiro na América Latina, segundo o Atlas do Diabetes 2021, divulgado pela Federação Internacional de Diabetes (IDF). Atualmente, são 15,7 milhões de pessoas adultas com essa condição. A estimativa é que, até 2045, a doença afete 23,2 milhões de adultos brasileiros.

O principal tratamento para diabetes tipo 1 é a aplicação da insulina diariamente, o que elimina a qualidade de vida do paciente e seu bem-estar. Já para diabetes tipo 2, inclui mudanças de hábitos, como a prática de exercícios regularmente, dieta com redução de açúcar e carboidratos, além da verificação de glicemia. Em alguns casos, é preciso fazer uso de medicamentos.

Para muitas pessoas, essas mudanças de hábitos devido à gravidade da doença não estimulam que os pacientes se sintam motivados por um novo estilo de vida, porque eles sabem que há uma doença séria por trás desses cuidados e não o bem-estar como objetivo final.

Diabetes não tem cura. Entretanto, pode ser controlada através de tratamento adequado e de cuidados que o paciente deve seguir à risca.

E qual a melhor notícia de todas?

As Partículas Divinas também atuam contra a diabetes, porque elas restauram a produção de insulina no pâncreas, aumentando a sensibilidade do corpo à insulina, e controlam as complicações decorrentes dos altos níveis de glicose no sangue, como doenças cardíacas, insuficiência renal e neuropatia periférica.

O tratamento com células-tronco para diabetes funciona renovando os tecidos danificados do pâncreas, rins e vasos sanguíneos e inibindo produtos químicos inflamatórios que contribuem para a resistência à insulina.

A regeneração do pâncreas leva à restauração da produção normal de insulina do corpo. Um estudo clínico realizado na Argentina mostrou que o uso de células-tronco para diabéticos que necessitam de insulina permitiu que cerca de 85% dos pacientes parassem com as injeções de insulina.

Além disso, em casos de dor crônica causada por danos aos nervos periféricos, o tratamento com células-tronco provoca a cura dos nervos e reduz as dores que os pacientes sentem. Um tratamento típico com células-tronco para diabetes envolve a administração de vários milhões de células-tronco todos os dias ao longo de uma semana.

O tratamento promove resultados gradativos, não apenas atuando contra a diabetes, mas revigorando todo o organismo a partir da renovação das células, melhorando a qualidade de vida do paciente.

As Partículas Divinas são nomeadas por mim dessa forma porque elas fazem milagres, atuando onde a medicina tradicional ainda não atua e sem contraindicação, efeitos colaterais ou tratamentos doloridos e invasivos. Os tratamentos com células-tronco são simples, rápidos e efetivos.

Além de todo esse milagre, como essas células atuam regenerando todo o organismo, a pessoa que passa por esse tratamento, seja pelo motivo que for, é beneficiada de várias outras formas: o sono melhora, a pele volta a ter viço, o cabelo fica cheio, o corpo rejuvenesce por completo e a disposição aumenta, bem como a vitalidade, alegria e vontade de viver.

A restauração promovida pelas células-tronco transforma todo paciente em uma pessoa mais feliz e realizada, porque essa regeneração ocorre de dentro para fora e afeta o ser humano em todos os seus níveis: físico, mental e emocional.

Se você tem diabetes, não deixe de procurar a medicina regenerativa para mudar a sua vida. E se você sente vontade de se sentir jovem outra vez, ficar mais disposto e feliz, os protocolos biológicos estarão esperando por você!

“Ainda não vi ninguém que ame a virtude tanto quanto ama a beleza do corpo.”

Confúcio

Quantos anos você tem?

"FDP, sai daqui agora, me deixa em paz!"

Eu dou um soco na mesa. Sinto meu coração batendo de forma que parece que vai explodir, levanto e caminho de um lado para outro, com vontade de esmurrar a parede.

Tento contar até dez, mas leva muito mais do que isso até que eu consiga me acalmar.

Depois de vários minutos, minha respiração volta finalmente ao normal, e eu concluo o que no fundo já sabia:

— Por que raios você explode com tanta facilidade?

"Nem era motivo para tanto meu Deus!"

Me sinto envergonhado de perceber o quanto me tornei ranzinza e agressivo.

Balanço a cabeça para os lados:

— Mas eu não era assim, eu não fui sempre assim.

Reflito sobre em que momento eu comecei a me transformar nisso que sou agora. Considero o fator da idade e todos os problemas da vida, mas ainda assim acredito que não justifica ter chegado nesse ponto em que cheguei.

"Quantos anos eu tenho, meu Deus? Não é possível!"

Decido seguir o conselho do meu filho.

Consigo ouvir sua voz, como se estivesse aqui.

"Pai, vai se cuidar com a medicina regenerativa, você não precisa se entregar à ideia de envelhecer, pode viver muito bem ainda, se cuidar da sua saúde."

E foi assim que eu acabei chegando até o Dr. Tércio Rocha:

— Eu não me aguento mais, doutor.

Ele ri e questiona:

— Como assim o senhor não se aguenta?

Balanço a cabeça e sou honesto:

— Eu não tenho humor para nada, brigo por qualquer coisa e cheguei à conclusão de que entrei num processo de isolamento porque eu não aguento ninguém perto de mim, qualquer coisa me irrita.

O médico sorri, com as mãos na cintura e põe a mão no meu ombro, olhando fundo em meus olhos:

— Eu garanto para o senhor que, em poucos meses, o senhor vai rir de tudo isso.

Sinto o ar sair dos meus pulmões de uma vez, como se sua fala tivesse tirado uma tonelada dos meus ombros, da minha vida.

Afinal, havia esperança para mim.

"Obrigado, meu Deus. Obrigado!"

Mas eu agradeço a ele:

— Obrigado, doutor. Por favor, faça esse milagre.

Ele anda pela sala e volta com o recipiente de células-tronco.

"Um frasquinho tão pequeno e milagroso!"

Ele parece ler meus pensamentos e balança o frasco frente a mim:

— As Partículas Divinas vão deixar o senhor alegre outra vez.

— Verdade, doutor? Verdade mesmo?

Ele começa o procedimento para a aplicação endovenosa, ao mesmo tempo em que continua explicando, o que me motiva profundamente:

— Essas células, seu Paulo, têm o poder não apenas de trazer o seu bom humor de volta, mas tudo o que o senhor perdeu com o passar dos anos.

— Tudo? — questiono, querendo ouvir mais.

E ele prossegue:

— Sim, seu sono, sua musculatura, sua pele viçosa, sua atividade cognitiva na melhor *performance*, bem como sua leveza em praticar esportes, namorar...

Ele me olha de canto, como se estivesse me testando:

— Namorar, doutor?

— Lógico. Tem coisa melhor nessa vida do que namorar, seu Paulo?

Fico pensativo.

"Mas eu já tenho mais de sessenta anos."

Ele parece ler meus pensamentos outra vez:

— Não é uma questão de idade, mas de como a gente se cuida. Esqueça sua caixinha de remédios, as células-tronco irão regenerar todo o seu corpo, de forma natural, sem qualquer efeito colateral.

Ele estica a mão para mim:

— Quer apostar?

— O que vamos apostar?

Ele pensa antes de seguir:

— Se o senhor não estiver no auge em dezoito meses, eu devolvo o seu dinheiro!

— O quê?

— Tô falando sério.

Ele aperta forte a minha mão, e eu me sinto mais confiante do que nunca.

O tempo foi passando, e, devido à confiança e segurança que senti, segui todas as orientações: uso de CDB, antioxidantes, vitaminas, fui à academia, melhorei a alimentação, parei com o cigarro e tudo mais.

Não posso negar que o milagre realmente aconteceu e devo dizer que curti demais o tratamento, porque foi como mágica: num dia, levantei me sentindo um jovem; noutro dia, percebi que queria caminhar. No outro, comecei a correr, ainda que pouco, mas eu jamais imaginei que poderia correr outra vez. E, sim, também voltei a me relacionar como um homem de vinte e poucos anos, só que com a maturidade que possuo. Foi o melhor momento da minha vida afetiva e, com isso, o melhor momento da minha vida.

Eu agradeci profundamente ao meu filho, que tanto me motivou a procurar a medicina regenerativa. É incrível que os jovens tenham essa visão mais moderna sobre os cuidados com a saúde, e felizmente eu acabei seguindo sua sugestão.

Quanto ao Dr. Tércio, ele ganhou a aposta e eu queria mesmo que ele ganhasse.

Minha nova namorada e futura esposa também começou a se tratar com células-tronco, e eu nunca mais irei parar de cuidar da minha saúde com as Partículas Divinas, porque foram elas que me deram vida outra vez.

Obrigado, Dr. Tércio!

“A imaginação é
mais importante que
o conhecimento.”

Albert Einstein

A regeneração da autoestima

Eu quero dormir! Eu quero dormir! Eu quero dormir!

Levanto da cama e paro de gritar, para que nenhum vizinho venha bater na minha casa e reclamar.

Sigo até a cozinha, tocando as paredes para achar o interruptor. Acendo a luz. Olho o relógio na parede.

Suspiro:

— Três da manhã!

Respiro fundo e fecho os olhos. Com certeza, de cara feia, pois me sinto cansado, acabado e sem esperança. Pego um copo d'água e sigo para o sofá.

Após me hidratar, seguro o celular e começo a pesquisar uma solução para a minha insônia.

"Eu não aguento mais."

Quem diria que insônia me faria desejar tirar a própria vida?

"A insônia deve ser o pior castigo do ser humano."

Após alguns minutos pesquisando, encontro algo que parece novo, bastante promissor: células-tronco!

— Será?

Continuo lendo sobre isso.

O tempo passou, e vários exames de sangue depois, a chegada do doutor Tércio Rocha e a melhor decisão que fiz na vida. Agora sou uma nova pessoa.

Já havia sido diagnosticado com o transtorno de déficit de atenção e hiperfoco, o que sempre significou, para mim, irritação, excesso de atividade mental e cansaço, tanto físico quanto mental, mas eu demorei a entender que isso estava conectado ao fato de estar dormindo tão mal. Diferentemente de pessoas que não têm esse transtorno, eu passava o dia trabalhando e produzindo muito, era capaz de me esquecer de beber água e ir ao banheiro, tamanha minha concentração nas atividades mentais.

Porém, todo esse hiperfoco me deixava estressado, com a mente acelerada e constante produtividade. Minha mente não parava, e por isso eu não conseguia dormir.

Eu já tinha tentado de tudo: remédios, terapias, meditação, *yoga*, mas nada tinha funcionado. Eu demorava horas para dormir e tinha um sono leve, qualquer barulho já era o bastante para me acordar, o que sempre terminava numa noite mal dormida e na sensação de ter sido atropelado por um caminhão. Levantava da cama com o corpo pesado, dolorido e de peso nas costas.

Para minha sorte, após três meses do início do tratamento, eu passei a ter o sono dos justos e a dormir como um bebê. Eu nunca me senti tão feliz na vida, pois fui do inferno ao céu, do pior ao melhor momento.

Dormir é uma necessidade básica para o ser humano, algo que define se temos qualidade de vida ou não. Se você nunca teve esse problema, talvez seja difícil imaginar o pesadelo que é viver sem dormir.

A partir do momento em que comecei a ter um sono de qualidade, tudo mudou: eu passei a acordar disposto e com vontade de viver. Por tudo o que tinha passado, queria sair correndo e celebrar o fato de ter dormido, de estar vivo e tendo essa segunda chance.

Mas não foi só isso que aconteceu, pois os resultados vieram de tantas formas que eu nem estava esperando: a musculatura ficou mais enrijecida, o cabelo ficou cheio, a pele viçosa, minha disposição mudou da água para o vinho, e, desde então, passei a praticar esportes diariamente.

Minha mente mudou!

Eu mudei de emprego, comecei a passear todos os finais de semana indo a rios e cachoeiras, engatei um relacionamento e tenho uma companheira incrível, que agora está fazendo tratamentos estéticos com as células-tronco e também se sentindo absolutamente feliz com os resultados. Por isso, nós praticamos esporte juntos todos os dias, bem como vamos ao cinema, ao teatro e a restaurantes, fazemos uma infinidade de atividades, cheios de vida.

Eu cheguei até as células-tronco por uma insônia terrível que acabou sendo até um presente, pois, por causa disso, eu descobri algo bem maior que não me levou apenas à solução do problema, mas à qualidade de vida que nunca tive.

Hoje me sinto um novo homem, mais jovem, feliz, muito mais bem-humorado e cheio de amor para dar.

As Partículas Divinas não curaram apenas a minha insônia ou o meu corpo, mas deram brilho à minha mente e às minhas emoções.

Eu vivia um pesadelo. E, hoje, vivo um sonho.

"A velhice é uma doença. É decorrente de vários processos degenerativos de órgãos, músculos, articulações, ossos e cérebro; por isso, deve-se regenerar o corpo e a mente constantemente a partir dos 40 anos; porque a meta é morrer jovem o mais idoso possível."

Tércio Rocha

Células-tronco e a oportunidade da segunda juventude com maturidade máxima

Eu estava morto e não sabia!

Respiro fundo e sinto o ar enchendo os pulmões, vagarosamente.

"Até isso parece que mudou!"

Tudo foi transformado, e eu confesso que não sabia que podia mudar.

Essa história começou quando minha atual esposa se interessou por um tratamento estético a partir de células-tronco.

Apesar de ser médico, ex-reitor de uma universidade e ter pós-doutorado em ortopedia, eu não tinha conhecimento profundo sobre os novos tratamentos da medicina regenerativa.

Foi por causa dela que hoje eu sou outra pessoa.

"Quem diria?"

Olho para o céu e agradeço:

— Obrigado, Senhor!

Eu estava com sessenta e quatro anos, tinha passado por dois divórcios e três pontes de safena, além de um diabetes tipo 2. Achava que meu cansaço era normal da idade, bem como a falta de vontade que foi aumentando com o passar dos anos, em relação a tudo: sair, passear, comer, me exercitar, estudar, aprender algo novo, namorar e ter relações, tudo foi se perdendo gradativamente conforme a vida foi amadurecendo. Eu achava corriqueiro, apesar de triste e degradante.

Quando minha esposa fez sua primeira aplicação de células-tronco em seu rosto, e vimos o resultado em poucos meses, com um novo viço e beleza, decidimos ir além. Eu também quis rejuvenescer minha face, mas não apenas isso. Apostei nos tratamentos da medicina regenerativa e confiei nas explicações do Dr. Tércio. Tudo fazia sentido, e, claro, como médico, eu quis tirar a prova.

O tempo foi passando, e a melhora foi bem mais rápida do que a degradação que testemunhei em mim mesmo com as décadas de vida, tanto em meu corpo quanto em minha performance. O tratamento com as células-tronco fez justamente o processo inverso, em meses, e não em anos ou décadas.

"Foi espetacular!"

O primeiro aspecto em que percebi diferença foi numa melhora significativa do sono. Eu já dormia como uma pessoa da minha idade. Dormia tarde, acordava cedo e, por vezes, sofria de insônia no meio da madrugada, o que parece da idade, mas voltei a dormir como um bebê e a acordar totalmente renovado e disposto.

A minha musculatura enrijeceu e me deu vontade de me movimentar outra vez, naturalmente. Então, comecei com caminhadas que há tempos não fazia. Depois, fui para a academia fazer musculação e vi resultados potencializados por causa do tratamento.

O apetite e a minha energia como um todo melhoraram, por isso me senti motivado a seguir todas as orientações do Dr. Tércio: uso de CDB, antioxidantes, vitaminas, minerais e absolutamente tudo o que ele indicou como coadjuvantes para o melhor resultado das células-tronco em meu corpo como um todo.

— Foi incrível, absolutamente incrível!

Então, o melhor aconteceu: a minha libido deu novos sinais de vida. Eu não acreditava que poderia ter uma sexualidade de uma pessoa jovem outra vez, ainda mais estando perto dos setenta. Porém, foi exatamente isso o que aconteceu. Eu passei a me sentir como um garoto, jovem, cheio de vida e de vontade de viver.

A minha libido pareceu estar no auge, e eu voltei a me relacionar no potencial máximo e com regularidade, sem limites de idade, dor, cansaço ou qualquer coisa do tipo. Eu renovei meus votos com a vida, com o amor e com todos os prazeres que viver pode proporcionar!

E, depois de um total de dezoito meses, eu me vi outra pessoa, namorando minha esposa como um homem jovem, fazendo esporte junto com ela, me sentindo totalmente disposto, motivado e celebrando a vida como um todo.

As células-tronco não mudaram a minha vida, mas me trouxeram de volta a ela. Eu realmente estava morto e não sabia, vivia no modo automático, nos resquícios que eu acreditava ser a vida para alguém da minha idade. Mas não tem que ser assim.

Existe um milagre à disposição de todos, chamado lindamente de Partículas Divinas pelo Dr. Tércio e que hoje faço questão de chamar assim também, pois o divino passou por mim, e eu me vejo como um milagre das células-tronco.

A vida por si só é um milagre, e me sentir mais vivo do que nunca e viver intensamente na terceira idade é o maior milagre que o ser humano poderia desejar, pois isso significa que podemos ter uma vida plena, cheia de juventude e feliz sempre, desde que se tenha o conhecimento e se aposte nele.

Hoje sou um homem grato e perpetuo a informação sobre os tratamentos que fiz para o maior número de pessoas possível, pois a felicidade não deve ser só minha, escondida, mas compartilhada!

“Uma vida não questionada não merece ser vivida.”

Platão

Não os anos já vividos, mas o que ainda tens para desfrutar!

Se Platão já citava, há mais de trezentos anos antes de Cristo, a necessidade de se viver o tempo presente, o que dizer deste significado nos tempos atuais?

Vivemos dias difíceis numa sociedade em constante movimento, excessos e desequilíbrios. Com isso, como fazer a vida valer a pena e não entrar no modo automático, se tornando apenas um sobrevivente alienado, sem vida e sem o mínimo de uma consciência sobre a própria vida?

A vida é para ser vivida, meus caros. E vivida em abundância!

O ser humano se acostumou a levantar para trabalhar, passar um dia difícil, ter relacionamentos nocivos no trabalho e até nas amizades, por vezes um relacionamento tóxico, para, no fim do dia, se esticar no sofá e anular seu cérebro assistindo televisão. Hoje, se usa o péssimo termo "maratonar séries" como algo positivo, sendo a junção de uma palavra saudável que denota o movimento do corpo com outra que praticamente estagna o mesmo.

O prazer da vida tem sido deturpado pela necessidade de fuga de quem está vivendo os seus dias de forma tão alienada: do trabalho para casa e da casa para o trabalho, com raros momentos de lazer com a família e com algum esporte. Uma vida sem amor e sem qualquer emoção!

Quem vive nesse modelo busca prazeres fáceis e rápidos, como as séries nos streamings, álcool, jogos, pornografia e relacionamentos dos mais passageiros possíveis, quando o melhor da vida ainda está na construção do que fazemos a cada dia: melhoramo-nos como seres humanos através do conhecimento, da atividade física, dos bons relacionamentos e da busca da realização dos nossos sonhos. Nada disso vem de imediato, mas exige disciplina, automotivação e autoconfiança. É preciso sair da mesmice diária e da ignorância mental.

Numa sociedade em desequilíbrio, a política do pão e circo continua mais firme do que nunca, por meio da exploração do fanatismo esportivo, dos jogos, bebidas e, sim, das séries tão lindamente produzidas para você!

Nada disso é proibido, meu caro, mas as escolhas que fazemos todos os dias definem quem somos, quem iremos ser no futuro e o que levaremos até lá: a memória das séries que assistimos, atores e atrizes vivendo por nós numa tela ou as nossas próprias memórias? Levaremos um corpo saudável que foi bem cuidado todos os dias ou um corpo que ficou no sofá por anos e saiu para encher a cara nos fins de semana?

Como médico e especialista da medicina regenerativa, proponho uma nova forma de cuidar da saúde. Eu atuo através das Partículas Divinas, as células-tronco, com vários protocolos e, desde então, venho curando e rejuvenescendo pessoas ao redor do mundo, mas, antes de tudo isso, eu mesmo me regenerei a partir dessa criação.

A minha história passa por vinte e um anos de luta contra o câncer, que me mostrou o quanto a mente é importante nesse processo. É preciso querer estar bem, se automotivar e trabalhar para se tornar uma pessoa melhor. As células-tronco são divinas porque fazem, sim, sua mágica, mas, para se chegar até elas, é preciso desejar vida – e não esta, no sofá, mas outra na própria vida, em movimento: nas ruas, na praia, no mar, com amigos e familiares, no aconchego dos braços do seu amor, correndo, nadando, pulando, dançando, simplesmente vivendo.

Meus pacientes quando chegam exalam esperança, mas vêm de um quadro de cansaço físico, mental e emocional, porque estão passando por uma doença e pelo processo natural do envelhecimento, ou ainda quando eles mesmos foram responsáveis pelo mau tratamento que se deram durante a vida.

O quanto você quer viver a sua vida de verdade? Convido você, em primeiro lugar, a refletir sobre isso.

Vida é movimento, é amor, é emoção! Não é só trabalho e pagamento de boletos no fim do mês com um único período de férias durante o ano. Você está pronto para viver a sua vida mais do que nunca antes, independentemente da sua idade?

Muitos dos meus pacientes são da terceira idade e não imaginavam a transformação que estavam prestes a passar. Um deles tem quase setenta anos e hoje se sente tão jovem que viaja o tempo todo com sua nova esposa em lua de mel:

— Eu estou amando, Tércio, estou apaixonado!

Ele diz alegre e absolutamente feliz.

Este paciente não rejuvenesceu ou se curou apenas,

mas descobriu a vida como nunca a tinha degustado antes.

Qual o preço do amor para você em sua vida? O quanto você daria para se sentir apaixonado e com frio no estômago outra vez? E melhor: ser retribuído no auge de sua melhor maturidade?

"Todo homem é poeta quando está apaixonado" (Platão).

As células-tronco trabalham de forma tão profunda em nosso organismo que elas não refletem esses resultados apenas no corpo, mas na sua mente e nas suas emoções, pois você se sente leve, disposto e deseja a vida como nunca antes e, por isso, acaba se abrindo para o amor. E não há nada mais importante nessa vida do que o ato de amar!

Permita-se descobrir o melhor protocolo de células-tronco para você!

Ame-se e ame outra vez, mais do que nunca!

"Temos a arte para não morrer da verdade."

Friedrich Nietzsche

Vitalidade, disposição e maturidade: uma combinação perfeita

Ai, meu pescoço, meu Deus do céu...

Tento um alongamento na frente do computador e desisto de trabalhar.

— Ai, ai...

Levanto e dou uma volta pela sala. Olho o mar ao longe pela janela.

Respiro fundo e solto:

— Parece que desisti da vida, não foi só do alongamento.

Olho os porta-retratos espalhados pela sala e reflito sobre a vida.

Converso com meus botões:

— Onde foi que eu comecei a me perder?

Suspiro e sento numa poltrona, ainda olhando pela janela.

"É, os anos passaram..."

Movimento-me um pouco e sinto a dor persistente que não afeta apenas o meu pescoço, mas todas as minhas costas.

Acabo falando sozinho:

— Mas será que eu poderia fazer alguma coisa?

Toco a pele do meu braço e das pernas.

— Quanta flacidez horrorosa.

Penso que o fato de estar com sessenta e cinco anos é o fim. Não há o que fazer! Ficar velho faz parte da vida.

Olho para o meu corpo e me sinto sem esperança.

"Não tem o que fazer!"

Penso no tempo em que ainda me relacionava afetivamente e sexualmente.

"Era tão bom, meu Deus. Aquilo, sim, é que era vida!"

Ouço o barulho da porta e vejo que meu filho veio me visitar.

— Oi, pai!

— Oi, filho, tudo bem? Você não costuma vir nesse horário, aconteceu alguma coisa?

Ele se senta ao meu lado e olha para mim, sorrindo:

— Tenho uma novidade!

— É mesmo?

Ele balança o pescoço afirmativamente e fala:

— Eu vou levar o senhor para fazer tratamento com células-tronco!

Eu acho que faço cara feia e fico olhando para ele, sem dizer nada. Então, ele continua:

— É um novo tratamento, pai, eu quero fazer também.

— Mas como é isso, filho?

— Você recebe células-tronco no sangue, e elas se espalham pelo seu corpo, exatamente aonde elas devem ir. Sabe o que isso significa?

Movo o pescoço para os lados. Então, ele toca minha mão e fala todo motivado:

— Elas vão curar o seu corpo até onde você nem imagina que está precisando. Tenho um amigo que fez e vi ele outro dia, parece outra pessoa, pai. E tem mais!

Agora estou instigado. Questiono rapidamente:

— O quê?

— Ele fez uma coisa chamada "retonificação peniana". Disse que fazia tempo que não conseguia e agora está até de namorada nova.

Me levanto da poltrona num rompante:

— É sério isso, filho? Quantos anos tem seu amigo?

— Cinquenta e sete!

"Minha nossa, cinquenta e sete não é tão longe de sessenta e cinco, será que dá para mim?"

Meu filho faz piada:

— Gostou né, pai?

Eu resmungo alguma coisa e decido:

— Quando é que a gente vai?

Meu filho riu, e, pouco tempo depois, fomos conhecer o Dr. Tércio e os tratamentos que ele faz com o que chama de Partículas Divinas.

Decidi pelo tratamento geral, o endovenoso, que rejuvenesce e cura o corpo de dentro para fora. E, claro, quis fazer a retonificação peniana o mais rápido possível.

— E não é que funcionou?

O resultado da retonificação foi imediato, e eu já me senti de volta à vida. Somado aos efeitos e resultados do tratamento endovenoso, que começaram a surgir em poucas semanas, eu fui me transformando em uma nova pessoa.

Acabou o desânimo!

A dor no pescoço foi embora, as costas foram revigoradas, e eu passei a dormir muito melhor. Só com isso eu quis voltar a me exercitar e, passado mais um tempo, eu olhei para a pele do meu braço e da minha perna e me senti incrível, porque eu nem esperava que isso melhorasse também.

Depois disso, vi que meu rosto ficou mais jovem porque a pele ficou viçosa e o cabelo mais cheio. Minha disposição mudou da água para o vinho, e eu nem sei onde ela começa e onde termina; porque a cada dia que passa me sinto mais rejuvenescido, e isso volta a me deixar mais animado, é um círculo virtuoso de bons efeitos colaterais e sem fim.

Não tenho palavras para agradecer meu filho pelo que ele fez por mim. No fundo, ele sabia que eu já estava num estado depressivo e sem vontade de viver. Foi uma prova de amor para mim.

Também sinto muita gratidão pelo Dr. Tércio e pela medicina regenerativa. E, claro, pelas células-tronco, que ele chama de Partículas Divinas.

"São divinas mesmo!"

Eu não sabia de nada disso, nunca imaginei que a medicina pudesse ir tão longe.

Encho o peito de ar e falo comigo mesmo:

— Quem diria que na velhice eu me sentiria tão vivo e feliz?

A vida é mesmo surpreendente!

Olho pela janela e vejo a minha namorada chegando.

Me pego com um sorriso de orelha a orelha.

"Quem diria que eu ia amar outra vez?"

Abro a porta, sem disfarçar minha alegria.

Aliás, por que eu iria disfarçar?

— Oi, amor!

Ela entra e me beija, cheia de amor para dar.

Eu vou logo é receber esse amor!

Até mais!

“Sinto-me
nascido a cada
momento para a
eterna novidade
do mundo.”

Fernando Pessoa

Desgaste de acetábulo e células-tronco

— Você está com desgaste de acetábulo, Mariana!

— O quê?

O médico explica melhor:

— Desgaste no quadril.

"Caramba, não tinha um nome mais fácil?"

Ele continua explicando:

— O desgaste do quadril, ou a famosa artrose no quadril, é um problema bem frequente e limitante.

— E eu não sei, doutor?

Rio.

"De nervoso!"

Ele sorri, e eu me calo para não ser mal-educada.

Então, ele continua:

— Isso nada mais é do que o envelhecimento da cartilagem, responsável pela movimentação livre e sem dor.

Quando ela desgasta, a articulação não funciona mais com liberdade e nem suporta peso, causando dor e restrição de movimento.

— E o que eu faço? Eu só tenho trinta anos.

Ele balança o pescoço para os lados:

— Pois é. O normal é acometer pessoas acima dos quarenta e cinco, mas, como você é atleta, usou mais da sua cartilagem, entende?

Resmungo:

— Então, isso é comum para quem faz esportes?

— Sim, Mariana! E você tem todos os sintomas de quem sofre esse tipo de artrose: dor na virilha, rigidez do quadril, perda de mobilidade e dor para levantar do vaso sanitário, para se agachar e colocar o calçado.

Sussurro:

— Sim, é verdade.

Ele segue:

— Por mais que seja uma atividade simples, colocar um tênis já fica difícil para quem tem esse tipo de artrose. Além disso, algo que você ainda não relatou, mas deve acontecer: dor para subir e descer escadas e para entrar e sair do carro.

— Nem me fale.

"Sinto vontade de chorar ao ouvir todos esses sintomas que já estão fazendo parte da minha vida. Ai, meu Deus!"

O médico continua:

— Tem mais: sensação de travamento, estalos, diminuição da capacidade de caminhar, diminuição da atividade sexual e desânimo para realização das atividades diárias.

Eu o interrompo com certa rudeza, sem pensar:

— E quantos desses sintomas eu preciso ter para indicação de cirurgia?

Ele pigarreia, põe a mão na boca e fica me olhando alguns segundos, antes de responder:

— Mas você quer fazer cirurgia?

Estalo os olhos:

— Claro que não, mas, se for o último caso, já considero fazer, não aguento mais!

Ele faz sinal de calma com as mãos:

— Espera. Não existe um número específico de sintomas que defina o momento exato de fazer uma cirurgia de prótese de quadril. Não dá para saber ainda, se já é o seu caso.

Me sinto nervosa:

— Mas como é que eu vou saber, então, doutor?

Ele se movimenta na cadeira:

— Vamos tentar o tratamento conservador primeiro, com mudança dos hábitos que causam a dor, orientação postural...

Pergunto, bem desanimada:

— Não caminhar, e fazer RPG?

— Sim. E/ou pilates!

— Hum...

Não faço cara de contente, e ele prossegue:

— Uso de analgésicos, anti-inflamatórios e acupuntura.

Suspiro:

— Acupuntura... Então, existe uma chance?

— Sim, se não funcionar, só depois disso seguimos para a cirurgia.

Meu coração parece que vai parar.

"Eu não quero pôr prótese, meu Deus! Não quero! Me ajuda!"

Naquele dia, eu fui embora do consultório muito triste, mas tentando ter esperança com o tratamento.

Só que, meses depois, a situação não tinha mudado quase nada. Nem quis voltar naquele médico, procurei opções alternativas e acabei lendo um artigo sobre células-tronco numa revista e quase dei um pulo da cadeira, no dia que isso aconteceu:

— Meu Deus! É isso! As células-tronco renovam a cartilagem do quadril!

Eu praticamente chorei quando descobri que tinha uma luz no fim do túnel.

Não demorou muito e eu me consultei com o Dr. Tércio Rocha, indicado por um amigo que jurou ter a vida totalmente transformada pelas células-tronco.

"Será?"

Eu estava mais do que esperançosa:

— Quero as células-tronco já, doutor!

Ele ri:

— Calma, Mariana, as células-tronco vêm de avião, precisamos comprar e agendar!

— Eu quero o mais breve possível!

E assim foi!

Uma semana depois, eu estava fazendo minha primeira aplicação de células-tronco via endovenosa e local, no que o Tércio chama de "técnica sanduíche". Além de chamar as células de "Partículas Divinas"!

"Eu vou sarar, meu Deus. Eu vou sarar!"

Em poucas semanas, percebi a minha vida mudar totalmente. Isso porque a dor passou logo após a aplicação local, não totalmente, mas começou a desaparecer ali.

— Não é possível, meu Deus!

Era tão bom que eu mesma custava a acreditar!

O sono melhorou e até a pele e o cabelo!

Em um mês eu voltei a fazer caminhadas, sem dor! Minha alegria pela vida voltou! E, com o passar dos meses, fui voltando a fazer outros esportes, gradativamente, controlando a dor e meus limites nesse processo todo.

A melhora veio de dentro para fora. A dor sumiu! A beleza e musculatura ficaram melhores do que antes, coisa que eu nem esperava. E, depois, meu humor melhorou demais porque eu tinha liberdade outra vez.

Acabei levando outra amiga para conhecer o Dr. Tércio.

"Não tem preço que pague me sentir viva outra vez!"

Todos os médicos tradicionais disseram que o desgaste da cartilagem do quadril é irreversível, ou seja, não tem cura.

E eu simplesmente estou aqui.

Dou alguns passos e estico os dois braços para cima.

Dou um salto no trampolim e mergulho na piscina.

"Viva, outra vez! Bem, viva!"

"Apressa-te a
viver bem e
pensa que cada
dia é, por si só,
uma vida."

Sêneca

Sarcopenia e as células-tronco

Eu não suportava mais ver meu pai naquele estado, ele parecia que estava definhando a cada dia.

"A olhos vistos!"

O levei a vários médicos e demorei para descobrir o que estava acontecendo. Isso porque alguns profissionais da saúde simplesmente não demonstraram competência para o diagnóstico correto.

— É a idade, é normal — alguns diziam.

Porém, eu sempre vi meu pai forte, ativo, cheio de vida.

Claro que eu sei que o envelhecimento diminui tudo isso, mas tinha algo errado e que infelizmente nós demoramos muito para entender o que era, mas ainda a tempo.

Suspiro.

"Graças a Deus!"

O médico explicou:

— A chamada "sarcopenia" é uma alteração da musculatura que reduz a força e a massa muscular, comprometendo o desempenho físico. Embora seja frequente, é pouco diagnosticada, porque ainda não existem exames laboratoriais ou de imagem que possam detectar o problema.

— Mas como o senhor sabe então, doutor?

Ele falou das perguntas relacionadas ao diagnóstico, que é feito a partir de uma sequência de perguntas sugerida pelo consenso europeu, *European Working Group on Sarcopenia in Older People* (EWGSOP), no qual a força muscular é enfatizada como o componente principal do quadro.

"É claro que meu pai não passou no teste!"

De acordo com o resultado do questionário, segue-se para a avaliação de força, com testes como se levantar da cadeira ou da preensão palmar.

"Pobre do meu pai, mal conseguia se sentar sozinho."

Diante de queixas de quedas, fraqueza, lentidão, redução da massa muscular e problemas para realizar atividades básicas, fica evidente a necessidade de avaliação direta da sarcopenia, sem a necessidade da aplicação do questionário. Após o resultado, o paciente é classificado como: provável sarcopenia, sarcopenia e sarcopenia grave.

Meu pai estava com a sarcopenia!

Normalmente, recomenda-se a avaliação da doença a partir dos sessenta anos de idade no Brasil, mas a doença pode acontecer em outras faixas etárias. Meu pai estava com sessenta e quatro.

No dia em que finalmente foi diagnosticado, o médico fez várias perguntas sobre dificuldades para carregar um objeto simples, para caminhar pequenas distâncias, como do quarto até o banheiro, levantar sem apoio ou subir degraus. Ele explicou que estas alterações se manifestam gradativamente, mas passam despercebidas pelo paciente e familiares que sempre associam a um fator natural do envelhecimento ou da idade.

Só que a sarcopenia está relacionada a vários fatores, que vão desde quedas e fraturas até o comprometimento cognitivo, com diminuição da memória e depressão, além da dificuldade com atividades do cotidiano.

"Coitado do meu pai. Como sofreu!"

A sarcopenia começa antes do envelhecimento. Então, a prática de atividade física, principalmente a musculação, e uma boa alimentação, são o que previne a doença.

"Meu pai não era adepto dos esportes, mas era ativo em casa!" E meu pai já estava num estado complicado, porque ele não tinha disposição para fazer exercícios físicos e nem se alimentava mais, tinha entrado num quadro de depressão muito alto devido a tudo isso.

— Pai, vamos, pai! Vamos caminhar até a cozinha pelo menos!

— Não, filho.

Como não há medicamentos para a doença, eu logo tratei de buscar opções alternativas.

"O que eu faço, meu Deus?"

Não podia ficar assistindo ele definhar ainda mais, só porque não havia remédios.

Nem que eu tivesse que arrastá-lo para uma academia, mas eu estava disposto a tirá-lo daquela situação.

Até que eu descobri os tratamentos com células-tronco. Eu mal acreditei!

Como assim existem tantos tratamentos tão maravilhosos e efetivos, e a gente nem fica sabendo?

"Por que é algo que não é divulgado?"

Eu não conseguia compreender, mas não foquei nisso. Levei meu pai na primeira consulta que consegui agendar e cheguei até o Dr. Tércio Rocha.

Ele foi muito contagiante e confiante:

— Não se preocupe, em poucos meses, seu pai estará novo!

"Será?"

Ele falava com tanta certeza que eu decidi me abrir para isso. Se estava disposto a buscar alternativas, tinha que, no mínimo, ter esperança naquilo que havia acabado de encontrar.

— Vai dar tudo certo, pai!

Eu o estimulava ao máximo!

Então, ele fez um tratamento endovenoso e, em poucas semanas, começou a apresentar um quadro de melhora significativo: seu humor mudou a olhos vistos, estava sorrindo e conversando outra vez. Já não caía e dava seus passos sozinho. Eu não tinha mais medo de que ele caísse.

Com os seis meses de tratamento, ele voltou a ser independente. Hoje, caminha na rua de sua casa e faz academia três vezes por semana.

É outra pessoa!

As células-tronco mudaram a vida do meu pai e a minha.

"Graças a Deus eu ainda tenho o meu pai! Obrigado, Senhor!"

"Ela acreditava em anjo e, porque acreditava, eles existiam."

Clarice Lispector

Adinamia e as células-tronco

Eu estou fraca, mãe, não aguento mais.

— Calma, filha.

Eu tinha apenas trinta e nove anos, mas achava que estava no fim da minha jornada no planeta.

"O que está acontecendo comigo?"

Eu achava que tinha uma doença grave.

"Só pode ser!"

Um câncer que ainda não tinha sido descoberto, ou uma depressão que estava me deixando confusa para ver a situação com clareza.

Eu fiquei cega no meu sofrimento.

Até que ouvi um termo bastante esquisito:

— Sua filha tem adinamia, dona Laila.

— Adinamia, doutor? O que é isso?

Olhei para minha mãe e já senti pena, aguardando a explicação de algo fatal. Mas não foi o que eu ouvi:

— Adinamia é essa sensação de fraqueza que sua filha está sentindo. Essa falta de energia e o cansaço extremo acontece com muitas pessoas em algum momento da vida.

"Adinamia?"

Fiquei absorta ouvindo aquela palavra como um eco dentro da minha cabeça.

"Será que estou ouvindo direito?"

O médico continuou:

— Esses sintomas podem ser causados por uma série de fatores: estresse, falta de sono, má alimentação, doenças crônicas ou até mesmo condições médicas mais graves, mas esse não é o caso.

Minha mãe olha para mim várias vezes e fica intercalando o olhar entre o médico e eu, até que ela pergunta:

— E o que tem que fazer, doutor?

— Estilo de vida!

"Oi?"

Até a minha mãe ficou boquiaberta olhando para ele.

— Como assim, doutor?

— O tratamento da adinamia envolve prática regular de exercícios físicos, alimentação balanceada e controle do estresse. Em casos graves, é necessário o acompanhamento médico, mas isso a senhora já está fazendo pela sua filha.

Minha mãe me olha e depois fala para ele:

— Eu não sei como fazê-la praticar exercícios e comer direito, doutor. Ela é totalmente sedentária. Sempre foi.

"Ai, socorro!"

O médico acrescenta:

— Outra coisa pode ser a falta de nutrientes essenciais, como vitaminas e minerais. Vamos fazer um *check-up*!

"Check-up?!"

Eu estava tão apática, que tudo que ouvia ficava como um eco dentro da minha cabeça, e eu não tinha certeza se estava entendendo as coisas naquele momento. Levou um tempo para eu processar e ter certeza.

Ele ainda ressaltou para minha mãe:

— Vamos fazer o *Check-up* total porque doenças como diabetes, hipotireoidismo e anemia também podem gerar a adinamia. O descontrole da glicose, baixa produção de hormônios e deficiência de ferro são fatores que impactam diretamente na energia e disposição do indivíduo.

— Nós vamos fazer tudo certinho, doutor!

Minha mãe aponta o dedo para mim, me delatando:

— Mas ela é sedentária mesmo, viu? Não sei como mudar o estilo de vida por ela.

O médico cruza os braços e olha feio para mim:

— Vai depender dela querer ficar boa ou não, mãe!

"Mãe? Mas a mãe é minha!"

Eu estava tão cansada e fraca que qualquer coisa me confundia.

O Médico continua conversando com ela:

— A falta de atividade física, o excesso de preocupações e a privação de sono acabam numa sensação constante de cansaço e fraqueza.

"Ai, meu Deus. Quero dormir!"

Cutuco o ombro da minha mãe:

— Podemos ir embora agora?

O médico chama sua atenção novamente:

— Tem que estar atenta, mãe! Porque a adinamia também pode ser psiquiátrica.

— Como assim?

— As causas da adinamia psiquiátrica podem vir de distúrbios psicológicos, como depressão e ansiedade, hipotireoidismo e até mesmo o uso de certos medicamentos. Sabe se ela usou algum medicamento específico nos últimos meses?

— Não, ela não usou nada, não. Eu saberia.

— Bom, com o tratamento adequado, é possível melhorar a qualidade de vida e recuperar a energia dela. Vai dar certo!

— E se for psiquiátrica como o senhor falou?

— Daí, um psiquiatra deve ser consultado e ele vai prescrever antidepressivos. Se a causa for uma infecção, antibióticos que podem combater a origem serão recomendados e, assim, recuperarão os níveis de energia. Mas vamos seguir com o estilo de vida primeiro.

O tempo passou, e eu mal me lembro daquele dia, porque estava debilitada em todos os sentidos possíveis.

Eu melhorei um pouco com a atividade física e a melhora da alimentação, mas quem disse que minha mãe desistia? Outro dia chegou com uma novidade:

— Filha, descobri um médico fantástico, vou te levar lá!

— Outro médico, mãe?

— Mas esse é de medicina regenerativa, filha: células-tronco!

"Células-tronco?"

Ela estava tão animada, que eu simplesmente fui e aceitei o tratamento endovenoso, mas sem muita esperança.

Só que a minha vida se transformou a partir dali, em pouco tempo. Minha apatia foi desaparecendo, bem como o cansaço, e eu recuperei meu foco e clareza mental.

Em poucos meses, eu me senti viva! Feliz, cheia de energia e assim pude fazer mais exercícios físicos e tive vontade de cuidar melhor de mim mesma, o que antes era a minha mãe quem estava fazendo.

Com o tempo, eu saí do círculo vicioso que estava, que ia desde depressão e vontade de morrer para um círculo virtuoso, em que eu simplesmente renasci, pois me tornei outra pessoa.

— Obrigada, mãe!

Eu não tenho palavras para agradecer o que ela, o Dr. Tércio e as Partículas Divinas, como ele as chama, fizeram por mim.

“Não corrigir
nossas faltas
é o mesmo
que cometer
novos erros.”

Confúcio

O líquen e as células-tronco

Minha vida acabou!

Jogo o espelho em cima da cama e choro, desesperada.

"Eu nunca imaginei que fosse passar por isso na minha vida!"

Lembro da explicação da médica:

— Você precisa tratar, Débora, antes que piore e possa evoluir para um câncer. Não se preocupe tanto com a aparência da sua vulva.

— Como não, doutora? Eu estou me sentindo mutilada.

— Calma, não vamos focar nisso agora. Vamos mandar o material para biópsia e seguir com o tratamento com corticoide local.

Foram meses de muita coceira e agonia. Eu não conhecia essa doença e o mal que ela podia causar às mulheres no sentido de acabar com a autoestima.

Ainda que eu não fosse mais jovem e já estivesse na menopausa, ainda me relacionava com meu marido, e tínhamos uma vida afetiva de qualidade e amor.

— Eu não vou deixar de amar você, Débora. Está tudo bem.

— Obrigada, amor.

Mas eu choro.

"Haja amor e cumplicidade para passar por uma situação dessas."

Volto a pensar na fatídica consulta com a minha ginecologista:

— Essa doença se chama líquen, Mariana.

— É perigosa, doutora?

Ela assente, e eu sinto um frio na espinha, seguindo de cima a baixo.

"Meu Deus do céu! O que vai acontecer comigo?"

O líquen é uma doença dermatológica, que acomete a pele da vulva, ou seja, a região externa da genitália feminina, e que pode ser muito debilitante. Ela se apresenta em diversas regiões do corpo, mas com relação à vulva ele pode ser de três tipos:

Líquen simples: apresenta muita coceira na região vulvar, que engrossa a pele e faz fissuras e escoriações. Normalmente, está associado a um fator irritativo e à ansiedade ou à depressão.

Líquen plano: caso mais raro. Além da coceira, se manifesta com lesões avermelhadas que podem descamar ou erodir.

Líquen escleroso: mais incidente em pessoas brancas, as lesões são esbranquiçadas e distorcem a anatomia da genitália feminina, como o apagamento dos pequenos lábios e o encarceramento do clitóris.

Quando não tratado, pode progredir para um câncer.

Respiro fundo e falo sozinha:

— Foi assustador, meu Deus!

A causa é desconhecida, mas alguns estudos e pesquisas indicam que as lesões têm conexão com a falta de estrogênio, sendo uma doença que ocorre com mais frequência na menopausa. O líquen escleroso está associado a distúrbios imunológicos, doenças autoimunes. O líquen escleroso vulvar é uma doença inflamatória crônica.

Eu nunca mais tive relação sexual com meu marido, e é claro que isso afetou o nosso casamento e a vida cotidiana. Ele fazia de tudo para me fazer me sentir bem, mas eu não conseguia.

Eu me sentia falha como mulher, esposa e amante. Sem autoestima, autoconfiança e vontade de viver.

A médica ainda me alertou:

— O tratamento tem que ser levado muito a sério, se não ele piora, alterando toda a sua vulva, e fica com uma aparência realmente terrível.

"Meu Deus do céu!"

Eu quase morri do coração com todas aquelas informações.

E, pior, ela deixou claro:

— As estatísticas mostram que 4% das mulheres acabam desenvolvendo câncer de vulva, por isso o tratamento é fundamental. Não podemos arriscar, Débora!

Apesar de tudo, agradeci a Deus pelo diagnóstico.

"Antes agora do que tarde demais!"

Eu tinha a chance de interromper os sintomas que poderiam levar a uma aparência ainda pior da minha vulva. Eu estava completamente constrangida, não conseguia falar sobre isso com ninguém.

O líquen é uma doença que não tem cura, mas, com um tratamento adequado, a promessa é de que os sintomas desapareçam, havendo uma repigmentação e retorno à textura normal da pele.

"Ou seja, poderia ficar bem pior do que já estava."

Eu segui com os tratamentos indicados (pomada de corticoide local e laser) e estava preparada para cirurgia, se precisasse.

A minha aparência íntima melhorou, mas não era mais a mesma coisa. As coceiras acabaram, e eu conseguia ter relações sexuais outra vez, mas me sentia envergonhada com a minha aparência.

Então fui procurar soluções alternativas. Primeiro, tratamentos estéticos e de beleza comuns, mas foi na medicina regenerativa que descobri o que iria devolver a minha autoestima, poucos meses depois.

Descobri o Dr. Tércio Rocha por causa de uma amiga que havia feito embelezamento íntimo. Eu nem entendia do assunto até então, mas descobri que o processo natural de envelhecimento altera a aparência íntima de todas as mulheres.

No meu caso, esse envelhecimento havia sido pior, mas, depois do tratamento local, tudo mudou. Eu recuperei não apenas a aparência anterior, como da minha juventude, foi uma grata surpresa.

Eu fiquei tão feliz que, em seguida, optei pelo tratamento geral, endovenoso, e aí tudo mudou: meu sono, minha aparência, juventude, mobilidade, pele, cabelo e musculatura. Meu humor e estado de espírito foram renovados por completo!

Depois, foi meu marido que quis seguir os passos que eu estava dando em termos de rejuvenescimento.

Minha vida mudou da água para o vinho! Hoje em dia, até me esqueço da doença terrível pela qual passei.

"Não desejo o líquen para ninguém. E desejo as células-tronco para todo mundo!"

Tenho esperança de que as Partículas Divinas, como são chamadas pelo Dr. Tércio, possam ser de acesso ao maior número de pessoas no futuro.

“Não tentes ser bem-sucedido, tenta antes ser um homem de valor.”

Albert Einstein

Cervical dolorida e células-tronco

Ai, meu pescoço, ai que dor! Meu Deus do céu!

Tento alongar o pescoço para os lados, mas a dor me impede de fazer isso como eu gostaria.

"O que eu faço, meu Deus?"

Na minha última consulta com o ortopedista, ele explicou o que eu tenho:

— Cervicalgia!

— Cervicalgia, doutor?

— Sim, dores na coluna cervical, que podem ser de tensão muscular ou mecânica, por compressão nervosa.

— Hum. E o que mais eu posso fazer para resolver isso?

— Na maioria das vezes, o problema regride com analgésico, anti-inflamatório, relaxante muscular e bolsas de água quente.

— Mas isso eu já tentei, doutor.

Ele me olha e continua:

— Além da diminuição do esforço diário. Você diminuiu suas tarefas com o pescoço?

"Não, né? Eu tenho que trabalhar, inevitavelmente. E viver!"

Mas fico quieto.

Ele explica ainda:

— A dor na cervical é mais comum em pessoas da sua idade, que já estão com mais de quarenta e cinco anos. Você tem certeza de que não está dormindo em posição desconfortável para seu pescoço?

— Tenho. E isso não ia me dar tudo o que tenho sentido: dor de cabeça, náuseas ou tonturas. Ia?

— Bom, também pode ser má postura e uso excessivo do celular.

— Sei. Mas e a febre, tontura, formigamento, calafrios, tremores, dormência, perda de força nos ombros?

Ele entorta o pescoço, pensativo, antes de responder:

— Você está fazendo o pilates e RPG como combinamos?

— Sim, mas continuo com dor, a melhora foi muito pequena.

Ele pega o bloco de papel:

— Vou encaminhar você para o neurocirurgião, assim avaliamos a possibilidade de uma cirurgia.

— Cirurgia?

Ele já escreve algo na receita e continua:

— Sim, antes que você pare de realizar suas atividades de rotina ou tenha problemas de visão, audição, deglutição, diminuição do apetite ou perda de peso.

— Tudo isso, doutor? Por causa de uma dor no pescoço?

Ele me ignora.

Depois explica:

— Veja! O neurocirurgião é quem vai poder dizer e decidir se você precisa de uma cirurgia ou não.

"Eu morro de medo de cirurgia!"

Fico quieto outra vez e apenas escuto:

Ele está falando:

— O neuro tem especialização na estrutura e funcionamento do sistema nervoso central e periférico. Ele é quem vai avaliar a fluidez dos movimentos, solicitar exames de imagem para identificar a origem da dor e ver melhor as estruturas internas. Depois, vai dizer se é possível a realização de uma cirurgia.

— E como seria essa cirurgia?

— Não se preocupe. Geralmente é pouco invasiva, tem rápida recuperação.

"Meu Deus do céu. Para onde eu fujo?"

Fui embora do consultório bastante chateado.

"Ele não falou nada de positivo, na minha percepção!"

Foi depois disso, de me sentir no fundo do poço por causa da minha dor no pescoço, que eu descobri o que mudou a minha vida para sempre: as células-tronco!

Assim que cheguei em casa, comecei a pesquisar na internet algum tratamento alternativo para o meu problema. E, de algum modo, eu cheguei até o Dr. Tércio Rocha, que, além de trazer uma solução efetiva, também me contagiou com sua alegria e positividade:

— É isso, aí, Elias. Vamos viver essa juventude, meu amigo!

"Juventude?"

Rio por dentro, mas me sinto tremendamente animado.

— Como vai ser esse tratamento, Tércio?

Ele sorri:

— Uma aplicação de bilhões de células-tronco na veia, querido. Nem dói!

Ele ri.

Em poucas semanas, minha dor sumiu, mas não foi só isso!

Fui para a academia de ginástica animado porque estava dormindo como um bebê e meu apetite tinha voltado ao normal, meu humor ficou fantástico.

— Me sinto jovem outra vez!

"Como pode?"

Em poucos meses, eu estava não apenas livre da dor, mas correndo vários quilômetros, feliz, voltei a namorar e estava num alto nível de produtividade, que há mais de uma década não tinha.

— Obrigado, Senhor!

Eu fiquei sem palavras para agradecer a ausência da dor no pescoço que estava incomodando a minha vida há meses.

— Foi horrível!

Porém, foi ela que me levou a algo muito maior e melhor que eu nem sabia que existia: os tratamentos com células-tronco!

Eu cheguei até o Dr. Tércio por causa da cervicalgia, mas, depois de todo resultado que senti, quis fazer muito mais: fiz aplicação no couro cabeludo, para nascerem os fios que perdi nos últimos vinte anos, e decidi fazer a retonificação peniana, que me deu muito mais autoestima e segurança para me relacionar outra vez.

— Sou um novo homem! Em absolutamente todos os sentidos!

“É preciso ter
o caos dentro
de si para gerar
uma estrela
dançante.”

Friedrich Nietzsche